HEART

心視野

HEART

心 | 視野

把自己活成好故事

LIVING YOUR LIFE AS A GREAT STORY

逆向回顧、拆解過去、預想未來，
從當下決定人生的精采

黃瑞仁（故事超人）著

目錄

第2幕 賦予自己故事力

第3幕 用故事力，超越自己

目錄

推薦序

跟對了人，就有機會寫出好的故事

——郝旭烈，知名財務專家、作家、企業顧問

從小我就非常喜歡看故事書，也很喜歡聽長輩說各式各樣的故事，因為那種感覺就像是影片快轉，在很短的時間內，看透生命起伏；也像是站在高山頂端，俯瞰腳下一覽無遺的視野，有種綜觀全局的快意。

畢竟，人生如白駒過隙，在庸庸碌碌的生活當中，如果接觸到的人事物只有周遭的圈子，見識的邊界也未免受限。但是透過不同的故事，可以跨越時間、空間限制，讓我們打開不同的視野，看見更多人生智慧，這種喜悅是領略故事的魅力之後，讓人念念不忘的。

記得研究所畢業的時候，有一位學長給我的畢業贈言是：「三百六十行，到底哪一

行最好？事實上，是『跟對人』這行最好。」

學長後來告訴我，因為如果「跟對人」，你可以在他身上聽到很多為人處事的故事，你可以每天跟著他，看著他怎麼譜寫他自己的故事。耳濡目染後，你也會漸漸地透過學習，寫出屬於自己的故事。

所以說，跟對了人，就有機會寫出好的故事，才是這句贈言最大的意義。

進入職場後，我的第一位老闆不僅很會用故事來啟發員工，更重要的是他非常鼓勵我們閱讀各種書籍，尤其是名人傳記。他說，成功雖然不能複製，但是可以參考和學習。觀看別人的故事，並不是期待別人成功的結果能同樣發生在自己身上，而是透過觀看整個過程，了解這個故事主角是如何地「對待」人事物，而這個對待是故事學習最重要的「思維」。

每個人一生的故事，都是從思維開始，透過思維改變行為，藉由行為建立習慣，最後習慣決定了我們一生到底是誰。

這也就是為什麼我後來在經營 Podcast 節目《郝聲音》的時候，特別珍惜每一位來賓的訪問、他們分享的人生閱歷。**因為每個人都是一個故事、一本書，一本具有獨特價**

值、又完全跟別人不同的好書，一個由自己創作、又必須跟好多人合作的精彩故事。

而所有的故事，是因為有了「自己」，才讓故事真正有了意義。所以聽別人的故事，也讓自己對人生故事的撰寫，有更多劇情的選擇。

《把自己活成好故事》就是這麼一本書，讓我們可以好好咀嚼、好好品味、好好練習，看看過去、想想當下、望望未來，接著讓我們活成自己想要的模樣，寫出自己想要的故事。

本書作者黃瑞仁不僅是我非常尊敬的老師，更是一位願意突破框架，尋找自我，走出人生特殊價值道路的榜樣和典範。相信閱讀這本書，會像是「跟對人」一般，讓我們對於撰寫自己的故事有更多幸福和智慧的啟發。誠摯推薦給您，這本值得擁有的好書。

推薦序

經歷不同腳本的人生，將綻放最美的光芒

——陳詩慧，《闖出人生好業績》作者

「找到方向，就找到人生，找到屬於你的故事人生。」

這是Podcast節目《指北針》的簡介，也是本書作者黃瑞仁開啟這個節目的初衷。記得初次認識瑞仁時，他徹底顛覆了我對導演的想像，從台積電工程師到導演，這樣的人生道路大轉換會有多辛苦？隨著認識越久、聊得越多，我漸漸被他的故事所感動，也許他會走上這條路，同時也是在找自己的人生吧！

瑞仁有一點和一般人非常不同，他開啟一天的順序不是先做自己的事，也不是先做會賺錢的事，而是優先做他人的事。

他幫助地方小農拍片做紀錄，或是幫手作藝術職人上架課程，做過很多與他關聯不

大的事，因為對他來說，一個人更重要的是為所愛事物付出的用心，所以他想盡可能地幫助他人，讓動人的故事被更多人看見。

在這個講求效率的時代，優先將他人擺在自己之前，怎麼會有如此不計較的人？而且都優先忙別人的事，那他自己的事呢？然而這點疑慮在我第一次上《指北針》時隨即打破。

二〇二二年三月，我第一次以來賓的身分上《指北針》接受訪談，當時的美好體驗至今仍歷歷在目。我一坐上位子、戴上耳機，感受頭頂撒下的美麗燈光，當我一開口，聽到自己的聲音時，不敢相信這真的是我的聲音嗎？當時我才知道，原來透過好的設備，聲音可以如此有穿透力。我上過很多 Podcast 節目，但很少看到像《指北針》這樣如此講究設備的工作室，這個麻雀雖小卻五臟俱全的空間，完全將創作者的用心展露無遺。

節目上架後獲得熱烈迴響，讓我們信心大增，我主動提議可以嘗試雙人主持，讓節目更有趣，流量就有可能大增、前進排行榜，達到他的夢想！於是我從第七十一集開始加入，故事超人與詩小慧的組合，到現在已經錄到第一百九十集了。

因為每週都要上架一集節目，這樣的快節奏更顯得事前準備的重要。每次採訪前，瑞仁總是提早來準備，無論是何種類型的採訪，從沒有馬虎過，不僅會先擬好大綱給受訪者，也會事先和我討論，讓主持更有默契。

瑞仁親切有禮的作風，令合作過的受訪者讚不絕口，也讓我介紹越來越多優秀朋友來節目，從建築師、會計師、藝術家到餐飲業者，當我們觸及的職人領域越來越廣，節目的流量也節節上升，我們在自我成長類的節目排名已來到前二十名。

除了製作節目的能力是自己一步一腳印踏實累積而來，瑞仁用文字傳達故事核心的功力也非常厲害，每一個受訪人物在他的妙筆下，鮮明獨特的靈魂總是能跳脫框架重現，讓人看到節目名稱，就忍不住點下去聆聽。

在作家愛瑞克的一場講座上，我們聽到了消防員林政良的分享，瑞仁馬上興起想進一步了解他的動機。一位曾經處理過重大火車車禍的消防員，同時也是有一雙巧手的花藝師，創作的作品在在傳遞愛與和平的訊息。這樣一個出生入死的消防員，為什麼會有如此衝突的斜槓職業？於是後來我們邀請政良錄製節目，節目播出後也創下了極高的收聽率。這次經驗讓我體會到瑞仁對好故事的敏銳度，是我們不斷促成好節目的原因。

這就是我眼裡認識的黃瑞仁導演，在這本書中，你可以看到他的勇氣，也可以再次相信人性本善，與對心之所向的執著與熱忱。**這本書將帶你用另一個角度看世界，只要好好整理原本的人生經歷，就能看見生命是如此的珍貴與獨特，你也可以是自己人生電影裡的主角**。

我們一起經歷過很多事，過程艱辛無比，然而瑞仁從來不喊苦、不怕失敗，做一切事情總是先全心全力付出，即便最後結局是一場空，他也只是嘆口氣，馬上再重新開始，並在過程中充實自己，等待新機會的來臨。

就像本書的核心概念所寫的：「如果你覺得現在過得很慘，其實更有機會翻身，因為每個好故事，都來自挫折和絕望的堆疊與反彈。」失敗的過程是鋪陳，經歷過不同腳本的人生，將綻放出更美的光芒。

推薦序

用人生三幕劇，每天活出最精采動人的故事

——愛瑞克，《內在原力》系列作者、TMBA共同創辦人

我曾為一百多本新書撰寫過推薦文，這一篇則是我耗費最多時間完成的一次，不是我手腳變慢，而是這本書的故事實在太好看！不僅是作者自身的故事，還有他所訴說的每一則故事，都引人入勝、令人沉浸其中，不知不覺時光飛逝。

例如，書中提到彰化一所小學的真實故事。他跟著幾位師生去尋找濁水溪的源頭，登上合歡山東峰，後來剪輯成五十分鐘的紀錄片《逆流，順風》，當作禮物送給他們，並放上學校畢業典禮的大銀幕（也有放上 YouTube），讓許多觀影的家長與來賓眼眶都溼潤了。拜讀此書初稿時，我也到 YouTube 把整部紀錄片看完，果然眼眶也溼潤了！

原來，我們人生中的每一個片段，都可以是精采動人的故事，端看你如何詮釋。此

書以相當具有系統、有步驟的方式指導讀者們，如何在人生歷程中記錄下某些重要的小事、成為「素材」；如何以編劇的角度來重新安排「三幕劇」，串起一連串的小事，成為一段又一段撼動人心的好故事。

然而，這本書不僅僅是教你如何編排出人生的好故事而已。作者透過「三幕劇」的形式，將他的人生哲學及洞見，巧妙地嵌入了全書主軸之中，在你讀這些故事的同時，也獲得了人生經驗，以及思維、眼界上的啟蒙與擴充。

例如書中說：「你有沒有發現，人的一生，一直在『被定義』？有時候，『被定義』是幸福的，因為你不用花太多時間思考，你就拿到一個角色了；但有時候，『定義自己』是必要的，因為，這將會影響你在未來人生劇場拿到什麼角色，別忘了，角色會決定劇情，劇情會決定結局。」作者以自己軍旅生涯的例子，透過主動定義自己，因而實現了一連串的美好境遇。當我們給自己的定義不同，便會做出不同的選擇和行為，經過一連串的發展，最後產生截然不同的結局——原來，**人生就從定義自己開始！**

這一段也讓我深感共鳴：「寫自己的人生故事，最棒的一件事是可以回顧當初曾經種下什麼樣的因，讓你成為現在的自己。換個方向想，我們希望自己擁有什麼樣的未來？現在，就該種下什麼樣的因。」原來，我們的過去，就是自己未來的導師！**只要我們用心探索過去，找出智慧的結晶，它們將是開啟未來機會之門的鑰匙**。

最後，作者不僅是一位善於說故事的高手，也是重點整理的高手。每一章最後都有「故事鉛筆盒」及「活出好故事」的重點歸納，將每一章所要傳達的關鍵思維，以「智慧結晶」的方式送給你，同時也補充了不少實用的小技巧，例如「曼陀羅思考法」、「故事原型樣板」的練習，增添了更多的實用性。

作者以他的專業背景加上半生見聞，交織成為此書的三幕劇，處處可見智慧結晶。這一本書的每一段故事都令我深深有感、有思索、有收穫——縱然不是驚天動地的國家大事，而是我們生活中都可能交錯而過的真實故事，這更加呼應了作者的核心理念：「每個人都有能力，活出令人稱羨、自己滿意的好故事。」

這是一本既令我感動又實用的好書，誠摯推薦給您！

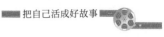

推薦序

走在屬於自己的美好故事線上

——廖咸興，國立台灣大學財金系特聘教授

從故事的角度出發，看待過去、規劃未來，這是作者黃瑞仁對於故事結構運用於人生的一種見解，以及規劃人生的依據。

在這本書出版之前，作者曾經以《以故事三幕劇結構探討企業成長路徑》為題撰述論文，探討故事結構與企業成長的關聯性。整理出企業成長路徑，與故事結構的異曲同工之妙，運用故事觀點，進而探討企業的過去，推敲未來發展的可能。

作者透過這本書，把故事和人生進行觀察與整理，運用故事的結構，幫助讀者整理過去，透過系統化的結構梳理，鋪陳人生新故事的可能。透過這本書，讓我們了解到，當人生處於低潮時，不用害怕，因為故事的啟發會告訴你，這是衝突的起點；而當人生到達高峰時，不要忘了，這只是一個暫時的結果，人生的下一齣戲碼，正準備上演，人生的另一條曲線，也正在發展。

我在財金領域多年，看的是公司企業的財務數字和金融商品。數字會起起伏伏，帳面上的數字起伏，其實不是數字本身的跳動，而是企業整體的營運及管理結果。營運數字呈現的是一個量化的結果，代表企業本身的內在努力，和經營環境的變化，隨著時間的延伸，讓企業有不同的故事可以述說。回到人的生活中，如同作者所提到的「內在系統」、「環境系統」與「時間系統」的交錯一樣，交織之後，會產生不同結局的故事。

如果可以把人生規劃、事業經營，都運用故事結構來進行比對，或是延伸規劃，那我們對於人生、對於企業的未來，就會有更具體的想像，對於你我的未來規劃，也會更有邏輯和依據。

這是一本對於回顧人生、仰望未來非常有幫助的書，它讓你更輕鬆地整理自己的過去，鋪陳自己的未來，期待讀者都可以走在屬於自己的美好故事線上，擁有精彩的人生。

作者序
運用故事，活出屬於你的好人生

你有沒有想過，你的人生怎麼開始？怎麼結束？

每個人的人生，都從一個自己無法決定的家庭開始，並且結束於一個我們自己決定的家庭。當我們出生，有些事情是注定好的，例如你有沒有含著金湯匙，還是必須追著金湯匙跑？你擁有一個溫馨的家庭，還是羨慕別人溫馨的家庭？起點從來不是我們能決定的，**但之後的路程要怎麼走，我們可以選擇**。

於是我們探索、學習、一步步長大，面對外在環境（例如學校、職場），不斷地修正自己，最後，有些人擁有了自己期待的家庭或人生；有些人對於自己擁有的事物依然感到不滿足，拚命想要找到更好的。無論你是一個人生活，還是跟很多人一起生活，都是**你在人生這段過程中做出各種抉擇的結果**。所以，結束人生的那一刻，你無法怨天尤人，是你決定了自己的人生。

你有沒有想過你的人生，是走在自己設計的故事線上，還是別人期待的故事線裡？影響我們人生方向的有三大系統，分別是：**「內在系統」**、**「環境系統」及「時間系統」**。每一個人的成長過程中，經歷的各種淬鍊就是「內在系統」，包含擁有的資源、身體的茁壯、心智的成熟、心靈的強化及技能的增長。而「內在系統」之外的條件，都歸屬於「環境系統」，包含家庭、學校、社會、工作、社群等。最後一個「時間系統」，動態串連每個人的每個靜止時刻，當下「內在系統」跟「環境系統」的組合，是過去的累積，讓你在當下成為「誰」的重要路徑。

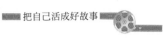

例如，你含著金湯匙出生，你的「環境系統」是優渥的家庭，在沒有戰爭的和平世界裡，你會被定義為「人生勝利組」；但若你出生在經濟狀況不佳的家庭，又逢社會局勢不安，你會被定義成「人生落難組」；當然，也可能是「環境系統」普通，但「內在系統」呈現大幅成長的「人生努力組」。

這些「內在系統」與「環境系統」的不同組合，在當下都是一種靜態的呈現，但別忘了，還有一個一直在動態串連的人生系統——「時間系統」。時間系統較為單純，因為它只呈現規律線性的前進狀態，讓「內在」和「環境」系統在不同的時間點，產生了化學變化。**伴隨著「時間」，堆疊出「內在」和「環境」變化，我們稱之為「故事」**，沿著時間軸往前，會堆疊出一條一條的故事線。

「內在」可以學習和訓練，「環境」可以打造和改變，所以，藉由各種學習、工具的應用、外在環境的配合，我們慢慢成為自己想成為的人。可是，這世界不會永遠照著我們的期待走，面對內在的極限挑戰及環境的變化莫測，每一個人的故事都很不一樣，有些人很幸運、很認真，完成了自己想要的故事；有些人運氣不好或不夠努力，沒有活在自己想像的故事裡，甚至，只活在別人期待的故事裡。

評估自己到底活在哪個故事裡之前，我們可以先學會「怎麼說自己的故事」。

我跟很多人一樣，平凡的出身，該念書就念書，時候到了就當兵，退伍了就找個穩定的工作，也跟大家一樣受到家人、朋友的期待，嚮往成為人生勝利組。離開台積電的工作之前，我過著和大家類似的人生，走在以為是自己規劃、卻參雜著周遭眼光的人生故事線上。那時候，我還沒當上導演，沒有學會執導自己的故事，人生路途不算太坎坷，每個月領到該領的薪水，也沒有太大的挫折，但是，我也不曾感受到哪個人生時刻如煙火般燦爛，那時候的笑容，絕大多數是「禮貌性微笑」。

在我研究所畢業、開始工作前，倒是有個小片段，可能跟大家稍微不一樣：我當過志願役軍官，查緝過全國帶槍通緝要犯。

當時，我不確定這個人生的轉折，會給我帶來什麼變化，但我知道，那是我人生第一次，自己決定未來，至少，是決定三年半的未來。一個二十歲的畢業生為自己做一個決定，其實，也不是件容易的事，光是回家要「家長同意書」，自己「加量」延長役期，就跟家人周旋了很久。當時，我說服了家人，拿下一次自己決定命運的機會。當下，我不知道的是，在軍中的一切造就後來一段神奇的工程師之旅。

進入科學園區工作一年半後，我獲得一個機會到台積電的研發部門面試，部門祕書幫我約了部門主管下午四點面試，我進去台積電總部大樓，是即將夕陽西下的時候，面試完踏出台積電大門的時候，卻已經月色照耀大地，前後歷經大約四小時。

這四個小時，我和部門主管竟然沒有談論到 TaN（氮化鉭，一種半導體材料），也沒有談到之後我要負責的銅製程（半導體元件的導線製程），甚至連有沒有談到半導體製程我都很懷疑。主管只跟我爭辯一個議題：「你為什麼要轉服志願役？當兵很浪費時間，你為什麼還去浪費三年半的時間？」

這四個小時，我只有做一件事：捍衛我的理念跟故事。我嘗試說服主管，擔任志願役軍官並不會浪費人生的時間，我在過程中接觸了哪些人事物、學會了哪些技能，我跟主管說：「服志願役，讓我在別人還只是初入社會、懵懵懂懂時，已經像個成熟的大人，可以獨當一面。」

現在說起這些過去的故事，我可以會心一笑，這些都是當導演、編劇時，會寫進去的故事梗，但當年的我一點都不知道，**原來呀，我已經認真地在演我自己**，我的決定、我在軍中遇到的事、主管問我的問題，現在看起來都很符合故事軸線。**我明確地感受到，能夠說好自己的故事，是多重要的**一件事，因為，你會看清楚自己在哪條故事軸線上，你的人生有哪些鋪陳，你會知道很多衝突都是應該發生的，**甚至，你會預知自己將遇上哪些衝突，因此你會更能接受自己每個時期的人生結局，或是運用說故事的架構手法，夢想未來新的結局**。

說好自己的故事，就可以過好未來的日子，這不是很棒嗎？因為，這條故事軸線是由你規劃的，或許加上一點家人朋友的期待，但沒關係，這一次，你是你自己人生的故事編劇，或許途中有些壞事，也參雜一些好事，但是，那都是你可以「預見」的，或是知道要「遇見」的。

預想一個自己喜歡的人生腳本

我的隨身筆電裡，根目錄始終只有三大資料夾：說書、寫書、教書。

離開科學園區之後，隨著創業、在職進修，人生故事軸線的規劃權再次回到我手裡，有一度我是混亂的。創業幾年之後，我把發散的創業計畫收斂回來，我弄懂「少，但是更好」的道理，我不再讓自己的人生，處於漫無目的的開發，三種「書」的形式，是我在創業初期後，要聚焦面對的事。

「說書」，是我的主要工作，我運用影音，把故事說給大家聽，靠著本業混口飯吃。

「寫書」，是我的整理與記錄，不論是否以「書」的面貌出現，書寫會跟著我一生，我曾完成一本一〇八課綱的教科書《音像藝術展演實務》，我把實務經驗都寫在裡面，傳承給學子。而現在你看到的這本書，當然也是在實踐寫書的規劃。「教書」是我的分享，包含大學兼任、各種演講、線上課程，都是我教書的一種形式。

幫自己訂下這三種「書」的形式，因為我知道，我寫過劇本、拍過片、學過管理，我的人生下半場，就是運用這三條「書」的路徑，來展開我的故事線。我的人生不需要再去闖蕩尋找各種可能，因為，我已經可以預想自己的人生結局，當我確定了一個結局，就可以回溯我在人生每一階段應該做的事，或者說應該發生的事。

這聽起來像是「預測自己的人生」，是的，人生如果可以寫好一個故事腳本，按照腳本演完，那該有多好，因為結局是你設計的，你應該會喜歡吧？

這本書分成三幕，**第一幕是關於故事的力量，先讓你感受故事可以帶給你什麼。第二幕，我分享說好故事的方法，讓你跟故事正面衝突，好好地理解說故事這整件事。第三幕，我分享在說好自己的故事之後，還有沒有其他超越自己的方法**。書中每個故事都在解決衝突，產生屬於自己的結局。

透過本書，你會開始解構自己的人生，為什麼會是現在這個樣子，你也可以學會當個算命師，預測自己的未來。你會看懂人生每一個階段的酸甜苦辣，尤其是低潮時，你會知道這些挫折在故事裡到底是哪一場戲，接著你就會知道該怎麼演，故事才會轉折向上，往高潮邁進。最後，看懂自己的故事，讓你可以站在你喜歡的故事線上，做好更多事。

你想過怎麼樣的人生？你現在正做著什麼樣的工作？未來該何去何從，你是不是有些卡住了？一想到過去，你是不是也有一些感到後悔的糗事？你喜歡現在的生活嗎？

接下來，邀請你拿我的故事當範本，學會拆解人生的結構，接著，運用技巧開始組裝人設、素材、劇情，寫好未來的結局，把自己活成一個好故事。

幕拉起之前

如果，把人生換算成「小時」，一生的壽命以八十歲來計算，就是七十萬零八百個小時。現在的我四十七歲，已經用掉大約四十一萬五千一百零四個小時，幾乎用掉了人生的七分之四。

冗長的數字可能不容易懂，那我把前面這串數字換算成百分率，為五九％。是的，此時此刻，我用掉人生的五九％了。天啊！

我曾在新竹科學園區當了七年的工程師，工程師的優點（儘管這是不是優點也常讓人懷疑），是什麼事都可以量化，什麼事都要有根據，什麼事都要有邏輯。人生，過得規規矩矩、方方正正，也沒什麼不好，但是，我其實沒那麼喜歡規矩方正。

三十三歲，是我脫離工程師身分的年紀，離開了現代社會人人趨之若鶩的行業。擔任資深研發工程師那段日子，讓我思考：「走過四一%的人生，我滿意嗎？人生都已經快過完一半了耶！」我的人生看起來像是什麼？等我雙腳都踏進棺材之後，我留下的故事會是什麼？

十幾年前，我選擇離開「護國神山」台積電的懷抱，接下來，我希望善用自己剩餘的人生，留下一個好故事。

第 1 幕

好故事的力量

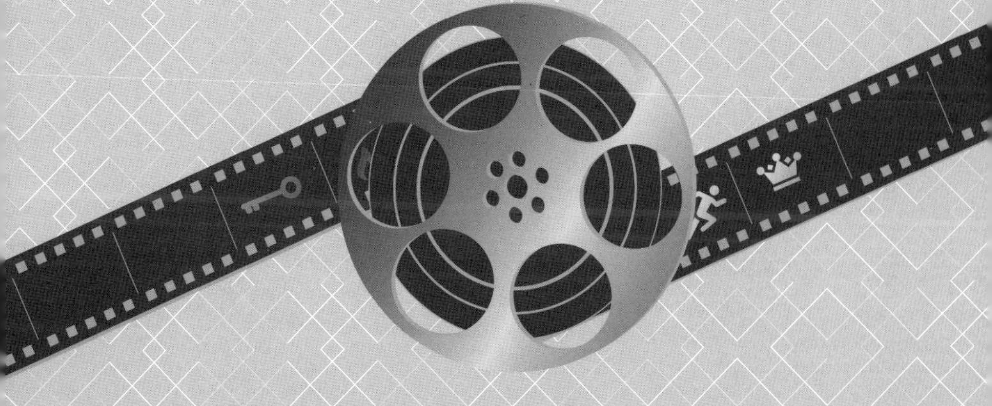

1 開始：對自己說的第一個故事

從前有一個我，很年輕的時候就會說：「我死而無憾了。」

「叔叔，一部摩托車停車十元。」這是我小時候的工作，寄車。我收下十元，給叔叔一塊有寫號碼的木牌子，另一塊同號碼的牌子，用一條繩子綁在車上，叔叔阿姨們快樂地去約會，我跟弟弟就繼續守在「寄車處」的牌子旁，等候下一位客人寄車或取車。

這份工作的週薪收入五百元至一千元不等，每週一，爸媽讓我把假日賺到的錢帶到學校去，不是帶去買東西哦，是學校會有郵政儲金，我跟弟弟都把錢存到郵局，我們自己的戶頭裡。

這筆儲蓄一直跟著我們，從小學到國中，我忘了什麼時候花掉了它，總之，這筆錢存了很久。我跟弟弟從小學以來，沒有假日，更沒有爸媽帶全家出門玩的假期，爸媽經營餐飲小吃，後來一路做，成為地方上有名的米食店家，我們家的肉粽、草仔粿很有名，而我們兄弟自然而然地被當成爸媽的小幫手。到了國中，爸媽為了讓我們拚聯考，便要我們兄弟不用再幫忙寄車的生意，好好專心念書。

童年這段經歷，現在講起來並不悲情，可是如果時光倒流回到當時，你會看到我和差我三歲的弟弟，兩個小學生時常心不甘情不願地待在寄車處。我們跟一般小學生一樣，期待著假日可以出去玩，至少可以看看電視，那年代的週末，電視節目都很好看，有綜藝節目，有民間傳奇故事，有小虎隊，有王傑……。

然而工作就是工作，即使可以坐在電視旁等候客人上門，但電視看到一半被叫出去工作，總是令人難以忍受。尤其是小孩子，正當太空戰士要變身、處理惡魔時，我們兩位「寄車戰士」，要去「處理」客人。

「砰——」寄車戰士經常被呼來喚去，累積出宇宙間強大不滿的情緒時，也是會發出電極光的，把房門電起來，關上門，罷工。

「叔叔，一部摩托車停車十元。」

我的小學時期，約略人生的七．五％，假日有大部分時間在工作中度過。

國中畢業後，我升上了五專。脫離了一邊當童工、一邊準備國中聯考的日子，人生來到了新的境界，那時我十六歲，開始要面對自己選擇的人生。

死而無憾的故事

選擇念五專的我彷彿來到天堂，因為——不用參加大學聯考。我加入了學校的學生自治組織，那時候稱為學生活動中心幹事會，升上三年級後，我擔任了「祕書長」的職務，有名片、有辦公室、有自己的辦公桌，也有學生組織的社群，我跟全國大專院校學生自治系統都很熟，我們可以自己辦巡迴演唱會、舞會，不用仰賴外部的公關公司。

歌手蔡琴的演唱會，是我辦過的其中一場募款公益演唱會，當時的我們沒有「嘖嘖」等網路募資平台，一樣很會募資。我也曾經促成一場周華健的校園演唱會，這些學校社團和校外活動的經歷，比我的學業還要精采。走過這五年，四萬三千八百個小時，約略人生的六．二五%，我曾經在這個時期審視自己，如果此時我發生什麼意外，我告訴自己：「死而無憾了。」

從小時候當停車場管理員開始，同學們沒經歷過的事，我都經歷了，朋友們沒接觸過的人，我都接觸了。我知道接下來我的人生會不斷地接觸人群，從幫陌生的叔叔寄車，到成為救國團活動服務員，帶過許多夏令營、冬令營，甚至與舞台上的蔡琴、周華健在後台閒聊，此時的人生，做過許多同輩沒做過的事，內心充滿著一點點優越感，才有這個「死而無憾」的故事。

那時候的我想著，萬一在人生走完二十年，十七萬個小時後，結束在這裡，有這些成就跟回憶，我真的沒什麼好遺憾的。

人生的前二五%，就說「死而無憾」的這傢伙，其實不知道，原來後面還有更多曲折的故事，等著挖掘出來。

人生的故事，大多從小時候說起。多數人都對學生時期充滿迷惘，念書考試、選填科系，除非你是資優生，或是有特殊領域專長，否則你一定也跟我一樣，時常念書念到懷疑人生。畢竟，念哪個學校哪個系所，在現今的教育體制下，主要仍然由考試來決定，無論是甄試、筆試還是術科考試。

我們可能無法決定自己念什麼科系或學校，但我們可以決定，在學校成為什麼樣的自己。以前我看不懂故事，現在我懂了，我很感謝那個在學生時代就胡亂衝撞的自己，也感謝在小學時期就讓我去打工的父母。我真正賺到的不是辦演唱會的特權，也不是打工的零用錢，而是無法回頭累積的珍貴DNA，那是一種可以與人接觸、善用資源、企劃行銷的能力DNA，而我的人生，因為這些後天培養的DNA，打開了一條不一樣的道路。

故事鉛筆盒

每個故事，都有「前因後果」的關係。

我因為擁有各種不同的歷練，讓年少輕狂的我，心中有「死而無憾」這種想法。「歷練」是因，「想法」是果。

我因為小時候有在家當童工的經驗，長大後就不怕四處闖蕩，喜歡接觸人群。「童工」是因，「不怕」是果。

我因為人生的前二五％擁有和他人不太相同的體驗，讓人生的中後段充滿各種挑戰的想像。「體驗」是因，「充滿挑戰的想像」是果。

要說自己的第一個故事，就從「找出原因，描述結果」開始吧。試著想想現在的自己和過去的自己，有什麼樣的連結？或是想想現在的自己，可以造就未來什麼樣的自己？故事，就悄悄開始了。

活出好故事

- 我曾經審視自己，如果此時我發生什麼意外，我告訴自己：「死而無憾了。」
- 種下什麼種子，就會得到什麼果子。
- 過去的努力，成就現在的自己；現在的努力，則是挑戰未來的自己。

2 發覺：藏在心中微小角落的偉大故事

與夢想距離三十公尺

一九九九年，志願役退伍後的第一年，我花三個月複習一般生研究所入學的考試科目，考上了一所學校的材料所，但我知道，那不是我期待中的學校。於是我再埋首準備一年，目標是台大材料所。二〇〇〇年夏天，是我第二年考研究所。

研究所考試來到台大這場，我小心翼翼應試。

考完「冶金熱力學」一科，步出考場後，我在台大校園整整坐了一小時，望著校園，我忘記有沒有哭，總之十分落寞。因為有一題考古題，我明明演練過，題目的數字幾乎沒變，考場裡的我卻失常了，那一題我寫不出來。

出了考場，我很清楚知道：台大，再見！

或許你會覺得，沒念台大不會怎麼樣，但是，做為一個技職體系的學生，我始終希望能夠體驗一般大學生的校園生活，以及擁有更多學習機會。如果能夠攻頂，更可以很光榮地對家人朋友說，我們在求學過程中，每一個階段的選擇都不會是最終結果，只要努力，你都有機會！

然而，一題考古題讓我夢醒，收到成績單後，我更確定自己剛好離台大只有一題考古題的距離，而這一題好遠好遠。所有學校的碩士班放榜之後，我考上台科大，持續用該有的精神和態度完成學業。畢業後進入新竹科學園區工作，成為力晶半導體第一座十二吋晶圓廠的工程師，並在兩年後，用DRAM及Flash製程整合經驗，進入最頂尖的台積電研發工程團隊。

基隆路，寬約三十公尺，隔著台大與台科大的校園。我一直以自己的母校為榮，但每次經過基隆路，總會想起這段入學考試的插曲。過去台大對我的意義，不是最棒的學校，而是心目中一個永遠沒有實踐的遺憾。

學校不會決定未來的一切，沒有名校的光環，我一樣能進入台積電、一樣能創業，可以到學校教書，甚至可以協助企業成長。

但是學校，可以讓人一輩子記得夢想，不忘初衷地面對每一個挑戰。

前面這段「與夢想距離三十公尺」的微小故事，我放在心裡面至少十五年。未曾跟人提起，不管是家人還是朋友，那是一種懊悔、遺憾，說了就會再次提醒自己：為什麼我就不能寫對那一題考古題？是人生缺了一塊拼圖的遺憾。

沒想到這個角落小故事，十五年後我說了，我跟台大的教授說了。

二〇一五年，我看見台大PMBA（事業經營碩士在職學位）偌大的招生看板，當時我不太確定，PMBA跟EMBA（高階工商管理碩士）有什麼不一樣？但我確定，如果我去念了，未來可能會不一樣。於是，我鼓起勇氣下載報名表，填妥基本資料。書面審查有很多題目，包含我的過去及我所規劃的未來。最後一題是補充說明，這一題我思索了很久，前面寫了很多富麗堂皇的內容，但我到底要如何藉由最後一題，在眾多上市櫃公司董事長、總經理及高階主管的履歷資料裡，脫穎而出、產生記憶點呢？

是的，我寫下了前面這段「故事」。這段故事，可能只是角落裡的哭泣，可能只是微小的夢想，但是，我在書面審查的資料裡，**運用故事宣示了我的企圖心**，我想台大的教授也看見了我非台大不可的背景。後來，我錄取了，展開兩年的台大PMBA碩士班讀書生活。書本的知識、同學間的交流，讓我原本單純的影音創業路程，看見更多的可能性。

不管我的未來會不會變得偉大，**角落微小的故事，會帶給你走向偉大的力量**。所以，不要忽略身邊每一個小故事，留著它，才不會跟自己未來的偉大擦身而過。

故事鉛筆盒

好故事，來自很多小故事。如果你想寫一個像電影般的好故事，要好看、精采，那你得先學會說小故事。將電影拆解開來，你會發現一部一百二十分鐘的電影，是由許多小故事集結而成。以電影《捍衛戰士：獨行俠》（*Top Gun:*

Maverick）為例，飾演獨行俠的湯姆．克魯斯（Tom Cruise）在片頭一場飛行時，不斷喊著：「呆頭鵝，請告訴我，我該怎麼辦。」這是基於獨行俠與意外身亡老戰友的情感，由於有過去那一段空戰故事，才有獨行俠在這部片裡許多的內心衝突。

獨行俠的同期袍澤冰人，都已經升到上將艦隊司令，而獨行俠還只是個上校，並非只是因為他特立獨行，更重要的是他熱愛飛行。轉戰海軍幕僚可以讓戰功彪炳的他扶搖直上，但這並不是他要的。從一九八六年的《捍衛戰士》（*Top Gun*）到《捍衛戰士：獨行俠》，處處都有獨行俠熱愛飛行的小故事，由這些小故事堆積起來的，就是你眼前看到的好故事。

小細節堆積成小故事，小故事會成就好故事。現在起，就好好收集屬於你自己的小故事吧。

活出好故事

- 這段故事，可能只是角落裡的哭泣，可能只是微小的夢想，但是，我運用故事宣示了我的企圖心。
- 成功，因為歷經各種惡魔作祟，才讓人感受到原來成功如此珍貴。
- 人生的價值，不在於你擁有了什麼，而在於你曾經做過什麼。

3 轉變：預先幫自己的人生鋪梗

我跟太太結婚的時候，應該是人人稱羨的樣子，我們各自擁有穩定的工作，是一對美好的組合。我們的蜜月旅行是到澳洲看袋鼠、無尾熊，走過三個城市，包含充滿歷史味道的墨爾本。出發之前，我知道這趟旅行要在不同城市間移動，都必須坐長途車，於是隨身帶了幾本書，讓我在車程中有書可以讀，而其中一本是有關「創業」的書。

讀著讀著，我的視角從書本上移到窗外，望著城市與城市之間的過場沙漠，內心有些翻騰。

「老婆，我問你哦，如果我離職創業，你會不會反對？」

一本書、一趟旅行、一個問號。起初，太太以為我在跟她開玩笑，我也忽然覺得自己像個騙婚集團，才剛完成終身大事沒多久，竟然萌生離職創業的想法，那時候，我在號稱「護國神山」的台積電工作，也只不過三年多的時光。但**產生想法是一回事，行動又是另一回事；離職是一回事，創業又是另外一回事**，總之，這麼多回事不會馬上變成真是個事。於是，三十一歲這年，**我替自己的人生鋪了一個梗**。那時，什麼事都還沒有發生，當然，我和太太之間也沒有任何衝突，平靜地繼續過生活下去。

抓住內心的悸動

我很喜歡回味自己結婚時，攝影師為我們拍的紀實影片，不管是優雅的音樂錄影帶，還是整場儀式的過程紀錄，我邀請了一位女攝影師，她一個人扛著攝影機，完成全程紀錄。我經常一遍又一遍，看自己穿著西裝迎娶太太的畫面，看著我們跪下來拜別父母，岳父替太太披上頭紗，整個感人的場面，經常讓我鼻酸。我十分訝異，原來，不用電視台、電影的規模，一個人的攝影，也可以把人物故事拍得如此精采。

我在五專時期，會單眼攝影、會進暗房洗照片，對畫面構圖有基本的認識跟感覺。

在我初入社會工作、踏入婚姻的那個年代，人人都會拍照，但拍攝客製化影片還不是十分流行。想到幫我拍攝婚禮的攝影師，看著我自己的婚禮紀錄，我的內心又小小地翻騰了一下，心裡幻想著：我可以成為那個記錄別人故事的攝影師嗎？

有一天，我鼓起勇氣，跟我的婚禮紀錄攝影師聯絡，我說想去她的工作室跟她聊聊。進到她的工作室，我便開始幻想自己也能擁有這樣一間工作室。我跟她說，我也想試試看當一位攝影師。

「那你現在拿這台 PD150，從門外開始，想想看如何介紹我這裡？」

就這樣，一場即席考驗開始。我拿著以前沒碰過的攝影機，只懂按下錄影鍵，一路從工作室門口拍到剪輯台，用大家都會的家庭攝影手法，「一鏡到底」拍攝整個環境。我的表達能力還不錯，拍攝的過程中加上一些口述介紹，拍完當下，我自己覺得拍得還不賴。

「來，我拍一次給你看。」這位攝影師，也是後來我在影視這條路上的「師姐」，沿著我走過的路徑，迅速拍完。

「你剛剛拍那麼長的畫面，你看，我只用三顆鏡頭，十秒鐘就完成了，這叫做『分鏡』，這就是鏡頭語言的魅力。」

我當下有點愣住，原來，攝影的世界跟我想像的完全不一樣。平常我們拍照是拍一張靜態照片，而動態的攝影一秒就是三十張照片，在那小小方寸之間，加上時間的運行，可以呈現的事物比你想像的還多。**我當下雖然愣住，但我的人生沒有因此停住，當下雖然有點打擊到我對攝影的想像，卻激發了我的好奇心，我也想要學分鏡，我也想要有我自己的鏡頭語言。**

從工程師到攝影師

這件事後過了一段時間，有一次，我在公司的星巴克買咖啡，遇到了部門大主管，聊完工程師該聊的話題，我話鋒一轉：

「老闆，我想離職，但不是現在，而是半年後。我會把四十奈米做完，交接給工廠生產線後，提出離職單。」

我想，我老闆是懂我的，他只問了我打算做什麼？接著淡淡地說，那這陣子我們一起好好努力，好好珍惜。我其實很喜歡在這間公司工作，做的是全世界最先進的技術，擁有的也是全世界最頂尖的成就，薪水絕對不差，同事一個比一個優秀，主管會罵人，但罵的也很合工程邏輯。

只不過，我一直在思索幾件事：我在這間公司練就一身的功力，我有沒有可能比同事更厲害？十年後，我是不是還保有熱情跟體力，去面對研發新產品的挑戰？我一旦離開這裡，我有能力蓋一座晶圓廠嗎？最後這個題目顯然是愚蠢的，是的，我在這家公司練就的功力，沒有辦法讓我去蓋一座工廠自己玩。於是我想，那我人生的後半段，不就跟現在一樣嗎？

我不是那種處處標新立異的人，但絕對不是甘於平凡，只想順遂過完一輩子的人。人生每個階段，我都嘗試定義自己，即使到現在，這個定義依然在「滾動式調整」，但我知道，**我就是不甘心跟大家一樣**。

口頭提出離職的半年後，我真的離職了，謝謝前東家的夥伴，我們一起完成了新世代的製程，交給工廠量產，接著，我依約向老闆提出辭呈，老闆也依約簽了辭呈。我的離職，沒有任何爭吵，沒有任何心不甘情不願，沒有因為任何人而離職，如果有，那個人就是我自己。而且不像一般的離職者，需要隱瞞即將要奔向的未來，我很清楚地跟大家說了我的夢想：開一家影像紀錄公司。也因此，離職後的第一年，前東家的一位主管怕我活不下去，找我回去聊聊，但看見我給出一張自己公司的名片，他放心了，沒再多勸說什麼。

離職後第二年，前東家的人資找上我，要製作一位英年早逝的資深長官的生命紀錄光碟，公司一位主管也找上我，要請我幫她女兒做學習生活紀錄。

就這樣，我從工程師轉變成了攝影師。接下來，我不用學蓋晶圓廠，但我必須懂攝影棚。

故事鉛筆盒

故事的精采來自轉折，而每一個轉折之前，必須先有「鋪陳」。

我是一個喜歡「定義」自己的人，不管這個定義會不會與時俱進，但一定有一個堅持，那就是堅持與他人不一樣。

我對影像世界充滿「熱情」，學生時代一進暗房就是待上一整天，我的眼睛經常看到別人看不到的世界，不是靈異那種，而是「觀點」。

對於人生的規劃，我會拉長時間軸來看，人生前進的「方向」，比現在所站的位置更重要。所以我連離職都提早半年提出，看的是更長遠的未來。

有了「定義」、「熱情」、「方向」，造就了從工程師到攝影師的轉折。每個人都可以擁有自己精采的故事，擁有轉折之前，你可以先盤點一下，自己的人生鋪陳過什麼，這些鋪陳，可以造就日後「合理的轉折」嗎？

活出好故事

- 人生每個階段，我都嘗試定義我自己，即使到現在，這個定義依然在「滾動式調整」。
- 工具在你的手裡，你怎麼用它，它就會產出什麼。生命在你的手裡，你怎麼決定它，它就怎麼成就你的決定。
- 有勇氣，改變才會發生；有改變，夢想才會現身。

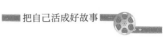

4 難關：低潮來臨時的內心故事

不要去問創業者，他們創業時遇到最大的困難是什麼？這是多問的，答案第一名一定是「資金」。

我也不例外，脫離工程師身分創業時，我曾報名一個短期的青年創業班，了解財務報表、產品服務、團隊組織、行銷通路、創新研發。我已經善用手邊的資金跟資源，只是不曉得是幸還是不幸，我進入的產業是一個重資本的產業，畢竟所有的拍攝、剪接，都需要靠器材設備來完成。而這些器材設備，不會只採購一次就足夠，隨著科技的進步，SD（標準畫質）、HD（高畫質）、4K、8K、3D、AR、VR……，技術一直在往前走，設備當然也不會停留在過去的時光，於是不斷地投資拍攝器材、剪輯後製設備，成了我們這一行的日常。

有一天夜深人靜，我打電話給我的師父，跟他說我快撐不下去了，資金已經燒得差不多，我是不是得考慮去打個工，賺點固定薪水，來維持家裡的正常運作？師父叫我放心，他那邊如果有什麼工作，會先通知我，讓我有一些簡單的收入。

好的，**這就是創業，從原以為的意氣風發，到需要打電話請人給你工作機會**。我甚至曾想過到便利商店或咖啡店兼職，反正，就是一份收入。創業者一定會面臨的低潮，就是「營收」跟「資金周轉」的問題，沒有營收會很擔心，有了訂單更會擔心「月結」的應收帳款，而且有時候不是「月結」，是「月月月結」，在商場上，客戶要跟你談三個月的結帳時間，也是稀鬆平常。有時候做到公務機關的標案，如果該單位財務不怎麼健康，「火都燒到廚房了」，國庫或縣市庫沒錢馬上付款給你，等個半年至一年，也都還算正常。

跟銀行貸款、跟爸媽借錢、跟另一半伸手，這些事都會發生。這時候，你將會發現，自己特別節省，省電費、水費、停車費、午餐費，除了節省，還會特別在乎零錢，找錢時的零錢你會算得很清楚，一元一元收好。接著開始不買便利商店的咖啡，改買咖啡豆自己在家裡煮，那種搭飲料省十元的方案，容易引起你的注意，跟家人上餐廳，會特別挑選菜單，儘量讓大家點便宜的。這段期間，你會特別愛用計算機，因為要想辦法節稅，減少所得稅的支出。家中小孩生日時，從大蛋糕改買小蛋糕，甚至帳單費用繳不出來時，動到長輩給孩子的壓歲錢。

從這些事都看得出來，一個人的財務正進入窘迫的狀態，如果這時候再有一位親友，見面時問你一句：「哎呀，你在創業啊，很棒啊，那你公司最近如何啊？生意好不好？」肯定就是壓垮你的最後一根稻草。

每天起床，想到要面對現實，便很希望剛剛的美夢還不要醒。在這樣財務危急的時刻，我接到一通電話：

「黃導，好久不見，我任職的新單位有個案子，想問看看你能不能做？」

通常，這樣的電話在任何的故事裡都是救星，我依約前往，表達我可以接任這個工作。回去之後，認真做好一個企劃案，並且完成領標、投標的工作，想說這麼小的案子，應該沒什麼人有興趣來比案，我只要好好地簡報提案，應該可以順利拿到這案子。接下來，你知道的，我一定會說：「人算不如天算。」沒錯，當事情進行得太順利，就不會是好故事，結果這個小案子總共來了八家公司競標，其中不乏大型傳播公司及高知名度的電視台。

當然，我再怎麼準備，也比不過其他大公司、大電視台所附加的廣告時段服務或大手筆的贈品。於是，我又回去數零錢，翻小孩紅包袋的日子。

「雪上加霜」、「屋漏偏逢連夜雨」，這些形容在這時候可以派上用場。千萬不要認為創業家遇到困難都不會低頭，有如神助的情節只有在神話故事裡才能看到。**不管是創業家或上班族，大家都是人，一定會遇到困難，困難總有一天會解決，但在那一天來臨之前，你還是要面對**。我在創業的過程中，時時刻刻都在面對困難，創業有規劃跟執行的五大面向，簡稱「財銷人發產」（財務、行銷、關係人、研發、生產），當你度過財務的關卡，你會發現後面還有好幾關，而且永無止境地來折磨你、考驗你。

當你處於人生的低潮，就有如故事進行到低潮，**但這一切，都是故事的一部分，沒有低潮，你無法獲得一個好故事，沒有低潮，你的人生無法再往前推進到另一場高潮**。低潮的內心世界，讓人最難以忘懷，我永遠記得自己數零錢的日子，永遠記得跟太太開口借錢的日子，永遠記得覬覦兒子紅包袋的日子，而唯有這些日子，讓我人生的故事更加豐富。

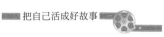

故事鉛筆盒

要感謝每一個低潮，因為低潮會將故事推升到高潮。

低潮時期，內心會有很多跟自己的對話，也會有許多你平常不會做的小事。這些對話和小事，對於日後人生的前進及敘事，扮演很重要的關鍵角色。

所以，不要畏懼面對低潮，要永遠感謝這些低潮，它不斷地蓄積你往上爬的能量，也是好故事的重要推手。**遇到低潮，面對它、處理它，但是不要馬上放下它，記得把它們收集在你的故事口袋裡。**正能量，都是因為你有足夠的經驗，你才有無懼的勇氣，產生面對的能量，所以，把這些低潮整理起來、記錄下來，有一天，你會感謝自己經歷過這些低潮。

「數零錢的日子」是我在低潮時期，對自我行為的觀察，有了這些行為紀錄，當我要具體描述我的低潮期時，就更容易讓人產生畫面。如果只是說「低潮」或「內心」，這些字眼其實都不容易讓人具體地感受或想像，收集你低潮時會做的事，就更能在你的故事裡發揮具象的作用，讓人真正體會你所謂的低潮，究竟有多麼低潮。

活出好故事

- 當你處於人生的低潮，就有如故事進行到低潮，但這一切，都是故事的一部分。
- 當老天爺關了你一扇門，不是要你等待有人幫你開一扇窗，而是要你自己趕快去開窗。
- 人生，就是在哭了、氣了之後，找到笑了的快樂。

5 劇本：看懂三幕劇，就懂如何編人生的劇

不要以為自己這一輩子就這樣了，其實，有很多不一樣，只是還沒開始。

我創業十二年，在影視製作的路上浮浮沉沉。我知道，在這個行業要賺大錢很不容易。拍片需要大量資金，即使拍的是商業片，也需要客戶有很多資金，而資金往往就是最難的那一道題。拍片也需要很多人力跟器材，發薪水、發班費（技術人員的薪水），買器材來提升拍攝品質，買設備來強化剪輯後製品質，花錢的這一題，從來沒有簡單過。

影片拍著拍著，二〇〇五那一年，我進入台大進修，書念著念著也念出更多興趣，學過「創新管理」的課程之後，我開始研究便利商店架上鮮食變廚餘剩食的議題，在這世界的角落，有無數人餓著肚子，為什麼每天午夜，我們竟然把還可以吃的食物一桶一桶往外倒。於是我想了一個點子，跟幾位同學一起提出創新平台「Good 9」的想法，

找了當時在超商集團上班的學弟、資工背景的朋友，還找了幾位大學教授、便利超商店長，一起做一件事，沒有任何資金跟資源的我們，竟然入圍了一項「龍騰微笑」創新創業競賽。但是，最終沒有得獎，甚至在第二輪比賽，我們就出局了。

出局就是出局，沒拿到第一桶金，我們什麼也不能做。但這件事，我到現在仍然放在心上。在念管理碩士的期間，我依然持續發想各種創新想法跟做法，我設計了新竹縣的「好好玩卡」，讓大家可以透過桌遊認識新竹縣的特色產業。不過，我對於「Good 9」平台沒能打進創新創業競賽、沒有被更多人看見，一直耿耿於懷……。

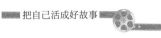

二〇二〇年，我發現一個經濟部的全國比賽「創業歸故里」，再度燃起我的創新魂。我時常出沒在台灣各個小角落，我喜歡發現角落的美、跟在地的人們對談，我更喜歡看見這片土地上，為了夢想而努力、為了喜愛工作而付出的職人身影。有一陣子我開了一家店，叫「一起灶」，邀請許多職人在這空間裡完成夢想，有布職人、畫家職人、咖啡職人、音樂職人、獵人職人……甚至還有塔羅職人。

在這樣的背景下，看見創新創業競賽訊息的同時，我又想了個點子，叫做「Outing阿丁」，我找來幾位孩子還在念小學的媽媽們，利用她們送小孩上學跟接小孩下課中間的零碎時間，我們研究如何讓旅客在外出遊憩時，能夠真正體驗到在地的美好。

「阿丁」這個平台，在那一年如火如荼地進入比賽的氛圍，我們通過第一波的書面審查，打進了初賽，又突圍複賽，進入決賽，我們的目標很清楚，就是冠軍。不只是因為三百萬元的獎金可以成為創業的第一桶金，更因為我們要努力實踐「戶外休閒好幫手」的使命，為每一位外地遊客找到最在地的玩法；也讓每一位在地職人有更多的機會接觸到消費者，讓他們在發揮專長的過程裡，能有實質的收入回饋，也讓他們可以在家鄉沒有後顧之憂地，為夢想和自己生活著。

決賽頒獎當天，阿丁團隊坐的位置離舞台很近，一開始，我們獲得數位應用獎及服務推廣獎的肯定，不過從季軍開始到冠軍，我們頓時離舞台好遠好遠。這一次，我們在獎盃跟獎金面前，再度揮揮手說聲再見。

競賽後，沒有最大那一桶金，我也不好意思讓幾位一起工作的媽媽們在沒有領薪水的情況下，繼續花時間在阿丁上面。我表達我要繼續走下去，並告訴媽媽們：「你們有想法就跟我說，我們再討論，沒有想法也沒關係，大家回到家庭，而我會用 Podcast 創作者的身分開立節目，繼續用雲端的方式，延續阿丁的生命。」

故事中的每個困境，都有意義

就這樣，《指北針》這個 Podcast 節目誕生，核心的使命是用聲音的方式，讓大家聽見在地職人的美好。當新冠肺炎（COVID-19）疫情肆虐時，所有的戶外群聚休閒活動完全停擺，阿丁本來就是個媒合職人與旅人的平台，當然也停擺了，只剩下不受病毒影響的聲音媒體《指北針》繼續走下去。

當《指北針》走了一小段路之後，我看見一個地方型的研發補助計畫，為了讓阿丁繼續活下去，活得好一點，對於機關補助繁複的申請和驗收流程已感到厭倦的我，說服了自己，送出了申請案。我們爭取到一筆補助款，讓職人除了聲音，還可以用影音出現在家中客廳的電腦、電視裡，讓旅人不用踏出客廳，一樣能感受到休閒的氛圍與精采的生活。

創業這一路走來的故事，總是一波接著一波的……困境，但是，如果沒有當初「龍騰微笑」競賽的失敗，就沒有後續「創業歸故里」競賽的肯定跟入圍決賽，如果沒有當初「龍騰微笑」的失敗，也無法造就「Outing 阿丁」的誕生，阿丁，可能還沒長大就夭折了。

對於故事，大家最期待的不外乎都是最後的結局，但沒有這些虐心的開始，又怎會讓結局如此精采？

在編寫故事劇本的手法中，有幾種幕劇呈現方式，最簡單的稱為故事「三幕劇」結構，這三幕分別為：鋪陳、衝突、解決。

我在拍片的創業路上，為了增加創業的管理能耐，回學校念書，這成為之後我再度創業的「鋪陳」；整個創業的過程中，不論是拍片缺資金、創業競賽落敗、新冠疫情的攪局，都成為了創業故事的「衝突」；最終，我有了新事業，還有了新的自媒體Podcast 頻道，以致到現在，我成為各單位競相邀請的 Podcast 課程講師，這些都是故事劇本的「解決」。

看懂故事三幕劇，就可以清楚地知道，當我要往我設定的結局前進時，我應該先鋪陳哪些梗？我可能會遇到什麼衝突？我現在的困境，是故事裡的衝突嗎？我目前的故事還在不斷地發展，還是已經到了解決的階段？我喜歡這個結局嗎？當你看懂三幕劇，你就會更懂自己人生的劇。你甚至可以像個算命師，算出自己人生的高潮低谷，但其實，你只是比大家懂故事三幕劇，看懂自己所在的位置，知道下一幕劇該上演什麼戲碼而已。

我自己看阿丁的故事，還沒有結束，正要開始呢！

故事鉛筆盒

故事因為有高潮起伏，讓人有「追」下去的欲望。「高潮起伏」就像波浪，一波接著一波，最終，最高的浪頭把你推向尖峰，讓你懷念無窮。在故事的世界裡，有一個很基礎的結構——「三幕劇」。以最簡單的三幕劇結構來說，這三幕分別是：

第一幕，「鋪陳」。

第二幕，「衝突」。

第三幕，「解決」。

若以我追夢的故事來解構，一開始，我去進修念書，透過一個小組的討論和報告，進到「龍騰微笑」的入圍名單，心中大喜，發現原來我可以離得獎這麼近，於是激勵出我後續不斷參加各種創新創業競賽的動機。這是「鋪陳」。

但現實總是殘酷，入圍並不代表得獎，我經歷了很多挫敗，每一次的挫敗之後，好像總是帶給我更大的力量，去面對更強勁的挑戰，於是，故事中的阿丁慢慢長大了，不再只是一個入圍的夢想。這是「衝突」。

阿丁開始認真地找出路，不但幫助了其他的團隊，也獲得政府機關的補助肯定，持續實踐夢想，往更大的市場邁進。這是「解決」。

精采的故事，往往只靠這三個過程，就能讓觀眾十分著迷。簡單的六個字，卻道盡一個精采故事該有的架構，也讓寫精采故事不再遙不可及。

在本書的第二幕，會進一步介紹怎麼應用故事的三幕劇，其實人生也有三幕劇，懂了三幕劇，就懂如何把自己推向下一個浪頭。

活出好故事

- 不要以為自己這一輩子就這樣了，其實，有很多不一樣，只是還沒開始。
- 人生之所以好玩，是因為你不斷找到新鮮事，挑戰它，讓人生變得很好玩！
- 永遠要去想自己十年後的日子，不要去找自己十分鐘前的樣子。

6 改編：讓過往人生的劇情更有意義

大樹老師帶著大平國小的一群孩子，在馬路口集合大家，叮嚀著注意安全，待會要一起搭公車去比賽會場。然而，從鄉間來到台北的他們，實在看不懂台北公車系統，找了好久都找不到要搭的公車。

孩子向老師建議，走一小段路去搭捷運可能比較快，也比較確定怎麼走。大樹老師於是帶著孩子搭捷運前往比賽會場，途經松山機場，孩子們都開心了起來，畢竟，他們都沒有坐飛機出國的機會，在路上看到機場，十分開心。突然間，捷運進了隧道，孩子們安靜了下來，問著老師為什麼突然變黑，好害怕哦……。

比賽結束，大平國小的孩子們拿到了全國賽第一名，確定可以參加亞太盃的口琴比賽。

校長跟大樹老師討論著出國比賽的事宜，但是進行得不太順利，算一算整團到馬來西亞比賽的費用，加上團體服裝，大概需要一百萬元，學生家庭無力負擔這筆費用，校長跟老師正煩惱著，想辦法找尋各種籌措經費的管道。

這一天，樂樂問大樹老師，可不可以帶他再去搭一次捷運。到了台北，樂樂指定要搭文湖線，原來，他只是想再一次看看飛機，看看那架曾經要載著他們的夢想起飛的飛機。

缺少經費出國比賽這件事，傳到了工程師楷鋒那裡，楷鋒拿起身邊的口琴，想起小時候家境不好，只買得起口琴當樂器，長大之後，即使工程師的工作再忙碌，他還是會吹吹口琴，讓自己的生活多一點音樂。於是，他在公司發起募捐，透過大家一點一滴的累積，也透過媒體的報導，湊到了大平國小口琴隊出國比賽的旅費。

捷運出了隧道，上了高架橋，樂樂看見了從捷運望出去的美麗風景……。這一次，口琴隊要再一次搭捷運去坐飛機，讓世界看見台灣的小驕傲。

旅程，因為有時不夠陽光，而更加陽光。

故事，因為偶爾不夠美好，而更加美好。

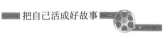

前面這個故事，是我為台北捷運寫的腳本《再一次》，當時這個腳本拿下了競賽銅獎。故事依據真實事件改編。分別是我搭乘捷運文湖線，捷運進到機場地下道之前的觀察，以及我在台北搭公車的體驗；而大平國小則是以新竹縣新埔鎮的北平國小做為原型，以他們的真實故事改編而成。

捷運文湖線的觀察是：哇！捷運中有一條路線，讓你坐在車廂裡就可以看見機場，不能出國的日子，你也可以假裝自己到了機場，看飛機在跑道上滑翔，給自己一個想飛的愉悅心情。

在台北搭公車的體驗是：台北的公車真的很方便，但超多的路線及有點複雜的轉乘，讓不太常搭公車的旅客，總在公車進站的那一刻，猶豫著自己是否要上車，或是到哪一站要下車。

北平國小長期培育校內的口琴隊，因為口琴是一個簡單、不貴的樂器，學校讓同學練習口琴，結果他們真的練到全國賽冠軍，有機會出國到馬來西亞參加國際賽。出國需要旅費、治裝費，北平國小的學生數很少，學生們的家庭也無法負擔旅費，參與比賽整趟下來需要的團費接近百萬，全校陷入要不要參加比賽的抉擇當中。那時，我有個身分是地方特派記者，我報導了這則消息，也如同腳本中所說，真的讓大家看到了北平國小，不只有台灣的善款湧入，甚至有馬來西亞的華僑大額捐款，讓北平國小如願出國，拿下比賽獎牌。

好故事，一定都有真實情感，人生的故事，因為真切發生過，讓情感更加扎實。所以寫自己的故事時，其實不用想太多，**只要把自己人生的經驗好好整理一番，透過「改編」，就會產生屬於自己的一個好故事**。例如，我過去是個念工程科系的理工男，也踏入了半導體業界，但在求學的過程中，我花了不少時間參與團體活動、學習美工、學習攝影、嘗試擔任社團領導人、習慣與人接觸。若干年後，我就不自覺地改編了自己的劇情，將自己「工程師的故事」改編成「創業家的故事」。

故事鉛筆盒

「依據真實故事改編」，大家看電視劇或電影經常會看到這句話，我拆解一下這句話，你就更容易感受到改編故事跟改編人生的魅力。

1. **依據**：讓故事有所根據，這樣你的故事就不是「虛構」，而更具說服力。也因為有依據，你的人生劇情就有基礎，每一刻的活著都是踏實的。
2. **真實**：這太重要了！只要真實，你根本不用費吹灰之力，就可以架構故事，只需要懂得描述的技法，故事就渾然天成。
3. **故事**：本書有簡單提到故事的三幕劇結構，當你有了「真實」，加上運用故事結構，就會讓人更想要閱讀了。
4. **改編**：精采的故事有一定的結構，如果只是把「真實」串接起來，可能時序上會不太通順，或是太過平淡，因此只需要運用故事結構的概念，小小改編，「真實」的人生，也可以很故事化。另外，**改編需要注意「比例原則」**，不能因為改編或為了符合故事結構，而讓真實不再存在。我自己對於真實故事改編的比例原則，會採用「二八法則」，即八〇％的真實和二〇％的改編，來進行故事寫作。

活出好故事

- 好故事，一定都有真實情感，人生的故事，因為真切發生過，讓情感更加扎實。
- 在每個城市，用雙眼尋找故事，用雙腳找到故事，接著，讓故事成為人生中的好事！
- 很多未來是來自我們的想像，想像並付出行動了，世界就會展現你的想像。

7

揣摩：強大的故事力量，帶領你繼續前進

「黃導，你有沒有覺得我們這部紀錄片，還缺點什麼？」

「如果你覺得沒有缺，就是沒有缺。如果你覺得可能有缺，那就真的有缺。」我自認為很有哲理地回答。

這段對話後沒多久，我就跟著彰化縣一所國小的兩位老師及八位畢業生，一日往返合歡山東峰。這所國小製作的紀錄片，就缺這一步。

為什麼小學老師要帶著畢業生爬合歡東峰？不是為了訓練孩子爬山，也不是因為同學要畢業，這段旅程對國小的孩子們，有個重要的意義。

這所國小位於濁水溪流域周邊，兩位老師帶領一個團隊，對這條他們既熟悉又陌生的溪流進行了一場調查，這場調查名為「濁水溪滾滾流」，包含空拍整條濁水溪流域、

採集濁水溪流域的植物生態，將收集到的資訊整合成教材，再到濁水溪周邊二十幾所學校舉辦科學營，並為這件事拍一部紀錄片，而且這些事全部都是由小學生自己動手，大人只有指導，不去插手。

二〇二〇年，我因為拍攝一部由企業籌拍的微紀錄片，認識了這所國小的老師。微紀錄片拍完後隔年，老師來電找我，希望我能夠協助他們的新計畫，教國小孩子拍攝紀錄片，記錄整個「濁水溪滾滾流」的活動。我當時沒想太多，更沒體認到濁水溪是全台灣最長的一條溪，小學所在地只是溪水的尾巴，而溪水的源頭當然是在山上——合歡山東峰。畢業之前，兩位老師已經登過了合歡山東峰，但因為各種原因，孩子們還沒有親身走上這段旅程。

所以，你現在知道了，老師覺得，孩子們如果沒有爬上這座標高三千四百二十一公尺的高峰，這整個計畫就有了遺憾。

爬高山是累人的，即使是百岳中比較初階的山，過程中，依然有孩子因為先天健康狀況的限制，最終無法攻頂。高山稀薄的氧氣也讓國小的孩子在爬坡時特別吃力，但最終，他們都登頂了，完成空拍並拍下合照。看見在高山的鐵黃色水窪裡，號稱濁水溪上游最高點的那灘水，他們笑了，老師也放心了，這延續一年半的計畫，總算劃下句號。

從別人的故事，想像自己的好故事

爬合歡山東峰，在整個一年半的計畫裡，相對來說根本是一塊小蛋糕。因為濁水溪流域分布很廣，說是上山下海也不為過，荒野協會的老師帶著小學老師跟同學，走遍濁水溪上、中、下游，整個過程不是一星期、不是一個月，而是超過一年半的時間。我好奇地問老師：

「你們不怕這樣帶孩子出門有風險嗎？學校一直在教孩子空拍、走踏濁水溪、拍片、剪片和辦科學營，會不會影響正常的教學進度啊？」

我問的是平凡人看待教育的問題，而真正的教育，給了這樣的回應：

「同學們每次上山空拍、到溪裡走踏、到學校巡迴分享，這些過程對他們來說，所吸收到的科普知識、自然社會領域知識，甚至包含品格教育、體能鍛鍊，都遠超過在學校教室裡的學習。」

是的，我每次跟著學校老師上山、田野調查，我看見台灣的教育，最需要的就是這樣的過程：**老師們破除框架，毫不畏懼地帶領學生圓夢；學生們運用連大人都沒有的勇氣，接受一切挑戰**，他們把所有的成果當作畢業的目標。每個孩子都是空拍高手，每個孩子都能夠辨識溪流特性跟野生生態，每個孩子都可以扛上跟我一樣的攝影設備，走上登山小徑，往百岳的高度爬行，也能溯溪，踩在清澈的水裡，找尋溪水的源頭。

有一回，我們在南投的空域空拍，一架空拍機墜落山中。剛開始，大家束手無策，後來，老師們決定機會教育，讓同學們想辦法取回空拍機，找回珍貴的空拍資料，同時也不讓這個巨大垃圾留在山中。他們上網找別人的經驗，找山路去尋找空拍機，現場找竹子製作竹桿，想辦法拯救卡在樹上的空拍機。

事後，我問了操作那台空拍機的同學，當下會不會很緊張或害怕？她回答：「會，怕救不回來會賠錢。」

這位同學在「空難」發生的當下，那種無助的眼神，我用鏡頭記錄了下來。在整個計畫一年半的過程當中，我陸續參加了幾次的行程，也都透過鏡頭記錄了下來。學校畢業典禮的當天，我把這部五十分鐘的紀錄片《逆流，順風》，當作禮物送給他們，放上 YouTube，也放上學校的大銀幕，很多來觀影的家長、來賓，眼眶都溼潤了。對於一個小學、一群小學生，這是何等珍貴的畢業禮物，老師們給畢業生的不只是一張畢業證書，而是證明他們日後遇到困難，可以不畏艱難往前行的「勇氣證書」。

這就是一個中部學校，「不山不市」小學校的小故事。這不是我的工作業務，但我樂於跟這些老師孩子相處。整個過程讓我有著很深的體會，人生，真的沒有無法度過的難關，小學老師可以勇敢地講出夢想、實踐夢想，小學生可以無懼地想像空中飛行、走踏整條濁水溪，這麼大的一個圓夢計畫，兩位老師加上八位學生靠著他們微小的力量完成了，而**你我，到底在懼怕什麼？**

在參與「濁水溪滾滾流」的計畫之前，我沒有登上高山的經歷，因為這個故事，我踏上了合歡東峰，抵達了人生中的第一座百岳。

這就是故事的力量，這也是我喜歡的生活，別人的故事帶給我力量，我乘著這股力量，不斷地在我喜歡的生活裡前進，又不斷地發現新的力量，不斷地前進。

我們，都需要這種力量，故事的力量。

故事鉛筆盒

在學會寫自己的故事之前，先學會感受別人的故事力量。

有感受，你就會有感動，也會「敢動」，任何的開始，一定都是從動機出發，我因為想要持續觀察這所學校師生的勇敢追夢計畫，排除萬難，縱使爬高山、渡溪水，也未曾有過一絲一毫的遲疑，「好奇這個故事」，給了我動機。

故事，給了我力量上山下海，我不只記錄了別人的故事，這一切也成為了我的故事，更成就了我喜歡的生活。

活出好故事

- 我看見台灣的教育，最需要的就是這樣的過程：老師們破除框架，毫不畏懼地帶領學生圓夢；學生們運用連大人都沒有的勇氣，接受一切挑戰。
- 別人的故事帶給我力量，我乘著這股力量，不斷地在我喜歡的生活裡前進，又不斷地發現新的力量，不斷地前進。
- 有想像的旅程會是很冒險的旅程，但有想像才有更多可能。

掃 QR 碼，
觀賞更多故事

第 2 幕

賦予自己故事力

8

人設：人物設定，定義自己

人生最難的並不是到達，而是開始。什麼樣的開始，會決定什麼樣的結束。一個故事的開場不同，就會引導向不同的結局。

作家寫一個故事，通常不是直接下筆、憑空揮舞，而是會先想像故事的整個輪廓，接著產生主角、配角，每一個角色會有各自的故事軸線，一個故事就由這些軸線交織而成。至於軸線怎麼發展，關鍵在於「角色」，每一個角色都會有自己的外貌、習慣、興趣、個性。如果是虛構的角色，作者就要先定義好這些角色的特性，因為，**故事軸線在進行時，每一個事件的發展，都會根據這些角色的特質，產生不同的劇情變化**。

若跟「過去」相較，「未來」之於我們的人生，不也是「虛構」嗎？對我們來說，未來在當下就是虛構。那麼，如果要走向未來，我們是不是也可以先定義好角色，也就是我們即將要在未來扮演的角色？

小時候，我們被定義是學生，大人都說要用功念書才有出息。長大一點，成了大學生，被定義要修完三學分「課業、社團、愛情」，才像個大學生。學業都完成後，我們成為社會新鮮人，被定義要認真工作、努力向上，早日當上主管，多賺點錢。結婚後，我們被定義為夫妻，生了小孩又被定義為父母，我就不講到被定義為阿公阿媽那段了。

你有沒有發現，人的一生，一直在「被定義」？

有時候，「被定義」是幸福的，因為你不用花太多時間思考，你就拿到一個角色了；但有時候，「定義自己」是必要的，因為，這將會影響你在未來人生劇場拿到什麼角色，別忘了，**角色會決定劇情，劇情會決定結局**。

我小時候被定義成一個要幫忙家裡做事的孩子，我沒得選，不只我沒得選，你也沒得選，我們從來就沒有選擇出生在哪個家庭的權利。童年時期，其實是父母定義了我們的角色，因為懵懂無知的我們尚未成年，有許多事需要父母代勞。這時候，你確實很難這樣說：「我不要這個角色啦！」所以大多數人都是乖乖遵從父母師長的指示，如果你是生長在一個擁有許多資源的家庭，這樣沒什麼不好，你可以安安全全地長大。

但如果你生長在一個資源並不優渥，甚至是別人眼中有些悲慘的家庭，我也要恭喜你，你人生的故事提早開始了！你開場的氣勢就跟普通人家不一樣，這樣不是很酷嗎？其實，**所有的「悲慘」也是自己定義出來的，當你覺得自己悲慘，那就是真的悲慘；如果你覺得這是一個機會或磨練，你就會很珍惜，至少，你獲得的是一段無法抹滅的回憶**。

即使被人定義，你也能定義自己

在「被定義」的日子裡，你仍然擁有一個定義自己的權利，就是去定義什麼是幸福，什麼是悲慘。

當我服役時，就曾發生一個「被定義但也定義自己」的故事。

我當兵時轉服志願役預官，下到部隊就是一個菜鳥區隊長，又菜又慘，你能想像一個不是軍事學校出身，身材胖胖的軍官怎麼帶部隊嗎？尤其是我擔任少尉區隊長那一年，遇到的都是陸軍官校正期生的隊長，像我這種普通專科學校出身的，軍事本職學能較弱，想要在隊長面前建功超難，不要說建功，不要黑掉就很不錯了。

我的部隊是在花東一帶的海岸巡防。有一回，我帶著兩個槍兵、一隻軍犬，正在海岸線執行步巡任務，無線電突然傳來呼叫：「排仔排仔，隊長叫你馬上跑步帶殺聲回到哨所。」

我心想，完了，又有事了，不曉得哨所哪個天兵又給我搞花樣了。奔回哨所，向隊長立正敬禮，接下來，我們足足站了半小時聽訓，不管是我這個陸軍兵工少尉，還是最旁邊的菜鳥二兵都站得直挺挺，只有軍犬悠哉地趴著打瞌睡。而這一切，只是因為一個內部管理的疏失：哨所微波爐裡出現一顆包子。

不曉得是誰半夜肚子餓，爬起來找東西要熱來吃，結果剛好隊長夜巡督導，那人怕被逮到，趕快躲回被窩，包子也來不及放回去，就這樣被逮著了。你可能會問這樣很嚴重嗎？在部隊裡，紀律就是紀律，每樣東西都有自己的位置，亂了，就是我這個少尉區隊長沒做好管理。

被罰站的當下，臉上當然無光，不要說跟二兵一起被處罰，我就連那隻趴在地上的軍犬都不如。這只是其中一件小事，諸如此類被呼叫、跑步帶殺聲去見隊長的鳥事，多得數不清。那時我會想，是我這胖胖的身材惹怒了學長，還是我真的做得很差？還是當隊長的就是必須這麼機車？

我被定義成菜鳥區隊長，但我從來沒有覺得我比官校正期生差，我好歹也念了五年專科學校、當過學生會祕書長、辦過演唱會，我連在學校校務會議裡都可以跟校長平起平坐，我是哪裡差了？體能是差了點，但管理這件事，我自認為做得比其他區隊長好。

當時，**我放下所有的怨念，將這一切定義成對我的一種磨練**。大家都聽過的那句老話——「合理的要求是訓練，不合理的要求是磨練」，我真的相信了，而且深信不疑。

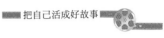

當少尉一年後，我被定義成中尉了，我升官了。是那位機車的上尉中隊長親自幫我授階，授階完，他找我進隊長室。平常我們進隊長室，是五指貼於褲縫，立正聽訓，這一天進了隊長室，上尉中隊長說：「黃副，坐吧！現在開始，我們都是中隊級軍官了，不要太拘束。」

我一時無法適應中隊長的態度轉變，還是恭恭敬敬的。中隊長跟我說，我升中尉了，很快地，大隊部就會發布人事命令，我會被調去其他中隊接任副中隊長，我在他的中隊表現很好，希望我繼續好好表現。

縱然這件事已經過了將近三十年，想起這段回憶，我的眼眶還是忍不住溼了。我相信的「磨練」沒有白費，我定義的「磨練」，讓我在被定義成菜鳥軍官的日子裡，找到人生很重要的價值。

菜鳥軍官第一年的磨練，持續影響著我後來幾年的軍旅生涯。在我擔任第一線海岸巡防的副主官時，正巧遇上了白曉燕命案，大隊長放心地讓我帶著四五手槍、幾個槍兵、軍犬，每天巡查海岸空屋，與警察協同開設攔截點，抓走私偷渡。退伍的前一年，我被大隊長叫去辦公室，他說：「副中，海巡第一線任務很重，一般部隊不會推薦預官去擔任中隊長，但你表現很好，我向司令舉薦你擔任蘇花公路那個轄區的中隊長。」

後來，我擔任了半年的中隊長，那一年，我二十三歲。

任何故事的劇情和結局，你看，是不是都跟「定義角色」有關？在前面的故事裡，我雖然被定義成菜鳥軍官，但**我重新定義自己扮演的角色為「一個需要被磨練的軍官」**。當我這樣定義了角色，怨念會轉念，我才有機會成為中隊長，接著，再次定義自己成為成熟的中隊軍官，真正承接管理職。

主動設定人生角色

另外一種定義，是主動權在你手上，你可以決定你要成為什麼角色。前面說的「被定義」，通常都是發生在我們年紀還小，或是處於一個新開始的故事裡，你必須摸清楚這個故事的局，這時候資訊不足，你無法掌握脈絡。但如果你長大了，或者在一個新的故事裡，你擁有更多的資訊了，你就可以更近一步，定義自己是什麼角色。

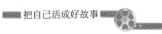

例如，你可以選擇當老師或當公務員，或是去企業上班，你在職涯上就會有不同的角色。你可以選擇結婚，也可以不婚，就可以決定你要不要擔任夫妻或爸媽的角色。在職場裡，你可以選擇奮發向上，也可以轉換跑道，對你的人生，都會產生不一樣的劇情發展。

二〇〇〇年，我定義自己，退伍了還是需要進修，於是我考上台科大的材料所。接著我捨棄台積電的職缺，選擇進入當時的力晶半導體，被我的指導教授念得要死，只因我定義自己，要進入最先進的十二吋晶圓廠，擔任製程整合工程師，而不是去當時台積電給我的八吋廠工程師職缺。兩年後，我再度重新定義自己，我覺得身為一名工程師，不能沒有經歷過工程師業界的地獄考驗，所以順著一個機會，進入了台積電先進模組的研發團隊。即使周遭都是留學歐美的博士、台清交成畢業的高材生，我還是依循自己的定義，在這個工程師的試煉場裡活了好幾年。

在試煉場待了五年，我感受到被定義成工程師的日子必須有所轉換，我應該用過去所有的歷練，來成就自己人生新的曲線，我再一次定義自己，該是個創業者了。於是，我從基層攝影師做起，重新替自己鋪陳一條路，往新事業前進。

這一切過程，除了定義自己每一個時期的角色，**還有一個始終不變的定義：我是一個「喜於追求探索」的角色**。因著這個角色的特性，我在我的故事裡會轉變很多個角色身分，來滿足每一時期的探索和挑戰。

你定義好自己的角色了嗎？這個角色有什麼個性、特質、習慣呢？故事的開始，將從這個角色開始。

故事鉛筆盒

請找一張白紙或筆記本，拿起筆，寫下你在人生路途上扮演的故事角色，也寫下這個角色的個性、特質，你的人生故事，將從這張圖展開。

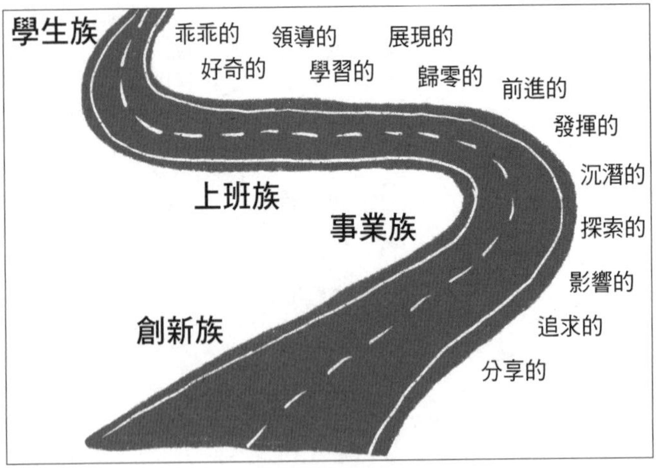

人生故事角色範例圖

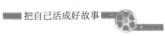

活出好故事

- 未來在當下就是虛構。那麼，如果要走向未來，我們是不是也可以先定義好角色，也就是我們即將要在未來扮演的角色？
- 永遠記得，要成為更好的自己，不要去成就別人眼中的你。
- 人生存在的價值，不是因為你有價值，是因為你創造被需要的價值！

9 素材：故事，總是從素材開始

口袋空空，你就變不出把戲，巧婦難為無米之炊。想寫故事，就要先有充滿素材的口袋，就像廚師要煮一桌好菜，得先挑選好食材。

食材，上菜市場找。素材，要上哪裡找？

現代人的生活，低頭的時間遠多於抬頭，包含我現在打下這篇文字，也是低頭敲著鍵盤。下班離開辦公室，我想，絕大多數的時間，你還是低頭滑著手機，深怕遺漏哪條訊息，或是追劇追到目不轉睛，或是連過馬路時都在認真打怪。我常開玩笑說，以前我們那個年代，坐個公車都有可能有豔遇，一起扶著把手的那位女同學，可能就是你未來的女朋友，甚至是結髮一輩子的夫妻；但在這個時代，這種豔遇的機會下降很多，因為你一直看著手機，就算坐在身旁的男生多帥、女生多美，你可能都沒發現。

張開平凡的眼睛，發現不凡的事物

有時候，你只需要張開眼睛，打開耳朵，認真掃描一下周邊，素材就會自己進到你的大腦，封存起來，等需要使用的時候，就可以解封拿出來用。

我在本書第一幕提到為台北捷運所寫的故事《再一次》，這個故事是由我大腦裡封存的兩個素材組合而成，一個素材是我搭捷運時看見機場，感受到不用出國，搭著捷運也可以看見機場，想像自己出國的感覺；另一個素材，是我在地方擔任特派記者時，得知一所小學要出國比賽卻缺乏經費，最後透過募款，完成出國心願的素材。這兩個素材，放在我的素材口袋好幾年了，終於等到一個成熟的時機拿出來運用，花不到一天，我就寫完整個故事及拍攝腳本拿去投稿，也幸運地獲得銅獎及獎金。

那如果是寫自己的人生故事呢？

我在念五專那幾年，一下子從苦哈哈準備聯考的國中生，轉變成自由自在的大專生，生活迎來巨大反差。大專教授不會叮嚀你念書，所以，每個人的大專生活可以自己定義，所有權都在自己手上，尤其考上機車駕照後，我的生活路徑更寬廣了，我爸媽經常也不知道我這個兒子飛到哪裡去。

我雖然不是那種愛蹺課、打混摸魚的學生，但我也不是坐在講台海景第一排，接受教授口水普降甘霖的那一型。我經常坐在教室前方三分之一的位置，時而認真，時而打個瞌睡。那時候沒有手機，最多就是BB.Call會叫而已，所以，學生們不會低頭滑手機，只會低頭夢見周公。至於為什麼會那麼累，上課打瞌睡？因為我發現校園裡有個非常好玩的東西，叫做「社團」。我參加社團的時間，應該不亞於在教室上課的時間，上課時，精神自然就弱掉了。在社團，我學會畫手工海報、唱民歌，我開始寫活動企劃書，有一段時間，我在教室的座位從前面三分之一，變成後面三分之一，我還是很認真低頭寫東西，但是寫的是活動申請書、公假單、活動企劃。

「同學、同學，期中考的重點是哪幾題？」考前兩天，我通常要到處求同學，幫我指點迷津。在這間學校念書的同學，平均大都在考前兩週就進入複習期，只有我是考前兩天。

畢業那年，我被選為畢聯會會長，忙著準備全校的畢業紀念冊、畢業舞會、演唱會、畢業典禮。那一年，我們班有一門必修課，教授非常嚴謹，考卷的題目永遠不在筆記裡，就是那種如果上課沒有融會貫通，死背筆記也畢不了業的課。

「各位同學，不要以為你們是畢業班，我就不會當人。依照你們的期中考成績看來，期末考再考成這樣，我看沒幾個同學可以順利畢業。」老師上課這麼說。

這下事情大條了，都已經是最後一學年了，如果被當掉，明年肯定要重修，這樣下來，真的無法在這一年完成所有必修學分，大家要一起多留一年了。更何況，我還是畢聯會會長！難道要會長在學校大門口歡送所有畢業生，自己黯然地回去教室上課嗎？那時候，我徹底警覺到，自己這五年到底都在做什麼？有念到書嗎？有學到東西嗎？

最終我到底畢業了沒？畢業了，順利畢業了，還上台跟校長領了兩個獎——「操行獎」和「服務獎」，就是那種參加社團被記功嘉獎，幫操行成績加了不少分，服務熱心到學校不得不頒個獎給我的那種。

不過，學校並不會因為我很熱心，就把多出來的操行成績加到我的學業成績上。那一門嚴格到不行的課，如果沒有通過，畢聯會會長一樣要站在校門口目送同學畢業。

有一次，在這堂號稱會當掉畢業生的課堂上，教授很有信心地對全班說：「這些內容，我一定教過大家，如果我沒教過，我讓你們全班 All Pass！」

已經聽不太懂課文的我，聽到教授這麼說當然沒有感覺，因為我根本不知道教授教過什麼啊！但此時，坐在講台海景第一排的同學，有些騷動，我只聽到猛翻筆記的聲音，接著有一位同學舉手了，他是我們班上非常優秀的同學。

「老師，您講的這個部分，我真的沒有抄過任何筆記吔。」

教授暫時停下寫黑板的手，開始研究這位同學的筆記，教授翻閱筆記幾分鐘後，我忘了他說什麼，但我記得，那堂課在下課前爆出如雷的掌聲及歡呼聲，我上了五年的課，第一次看見大家在課堂上有如此的笑容……我真心感謝當時這位同學，若沒有他，我就不能順利拿到畢業證書了！

這是一個畢聯會會長，差點沒辦法畢業的故事素材。

生活及工作都是素材

踏入社會工作之後，你會發現，人生不會是順利的故事，完成一件事、一個目標、一份工作，不是自己一個人就可以獨立完成的。

我到台積電擔任工程師，部門主管給我的第一個任務，是擔任部門的「康樂股長」，第一個專案是兩天一夜的部門花蓮旅遊規劃，我花了好多功夫接洽旅行社、談行程、談費用、談住宿、談伴手禮購買，我忙到差點忘了，自己還是個半導體研發工程師，我依然有該做的分內工作。每次週報，部門主管要我報告的內容，大多著重在旅遊規劃。小主管私底下跟我說，部門旅遊固然是激勵士氣的大事，但也別忘了，我的年度考績可不是只有部門旅遊規劃，我同梯的同事則告訴我：「你好好規劃，我要玩個痛快，這段期間，工作上需要我幫忙的，儘量跟我說，我罩你。」

我想起畢聯會會長要畢業，沒靠著同學，也難讓社團與課業兩全。在職場上，我更加認知到，與人為善非常重要，因為在緊要關頭，同學、同事總能拉你一把。在學校，我把社團辦好，讓同學有好玩的舞會、演唱會；在職場，我努力達成部門旅遊的任務，讓同事有更愉快開心的工作環境，不計較自己的課業成績、工作績效，我服務他人，總有一天他人會回過頭來協助我。**畢聯會會長的故事素材，在工作期間，轉變成一種服務的人生觀，讓我擁有持續得到貴人相助的故事。**

這些看起來平凡的生活及工作都是素材，不斷地累積，會成為不凡的事物，成就不凡的故事。

我沒有很會念書，只是運氣好，遇到很棒的同學跟老師，也與人為善，不斷開拓善的人脈種子。因為這些運氣和人脈種子，讓我有充足的時間可以寫企劃書，當社團領導人。我現在的工作是廣告導演、編劇、新創事業創辦人、Podcast 主持人，我很謝謝自己，在年輕時擔任過電視編劇、電影藝術、青年話劇等營隊的服務員，建立服務他人的信念，我目前工作上的大部分能耐，都是過往學校社團經歷所打下的基礎，我現在闖蕩社會的能力，也都是服務他人，與人建立互動關係的一種延伸。

真實故事改編的人生故事，最主要的素材來自於「成為回憶前所做過的事」，而能不能擁有這些事，**取決於你怎麼布局整條人生故事線，你怎麼讓別人陷入看了會為之著迷的劇情**。我在社團的日子，替我累積很多人生素材，這些素材除了成為回憶，同時還是人生劇情發展的動力。

所以，不要再總是低頭滑手機了，在你上下班的通勤過程，在你人生看似平凡無趣的過場時間裡，抬起頭注意周遭吧。也許，那位美麗的女子、帥氣的男子，就在你的眼前等你。如同沒有手機的歲月，我們用雙眼和雙手創造許多機會，為自己的人生增添各式各樣的素材。

故事鉛筆盒

有人說，要有靈感才有辦法寫作，我認為其實是要有「素材」，才會有靈感。素材無法用金錢買到，素材是用你的生活體驗換來的。你的素材是全世界獨一無二的，因為這世界不會有第二個你，也不會發生第二件一模一樣的事，所以，請好好寶貝你的素材。

每一次，你有新的生活體驗，而且讓你很有感覺，記得哦，趕快放到你的「素材口袋」，因為當你一忙起來，久了就會忘記，只有存到素材口袋裡，下次當你感覺自己缺乏靈感，手伸進口袋裡，就有機會撈到一個可以用的材料。

我的素材口袋是手機裡的記事本，看到、想到、遇到什麼人事物，就趕快用手機記下來，累積一段時間，素材口袋就會滿滿的。而且這樣只占你手機記憶體的一小部分，卻是大腦記憶體最重要的備份。

活出好故事

- 張開平凡的眼睛，發現不凡的事物。
- 每天都有一點點不一樣，世界就會一點一點不一樣，故事就會一點一點像個樣。
- 你希望發生的事或許不會馬上發生，但只要你動手去做，總有一天會發生。

10

劇情：細節的累積，小事的堆積

「爸，我跟你說，這一段距離終點大約二百公尺的劇情，要演一集，你不要以為馬上就有結果了哦。」

兒子迷上了自行車，也勤追一部以自行車為主題的動漫劇，這部動漫劇他已經看了不曉得幾次，我站在一旁看著電視，想知道比賽最後是誰贏了，兒子善意提醒我，要看到比賽結果，沒有那麼快。

是的，自行車比賽，最後衝刺二百公尺，現實的世界裡幾秒鐘就抵達了，但在戲劇的世界裡，可以演上一集，至少三十分鐘的長度。

那這三十分鐘，到底在演什麼？你在追劇時是否曾經注意到，明明是一件小事，卻可以演半小時，有時候甚至演了一整集，都還在同一個場景？

這就是細節！

故事最精采的，其實是細節。以自行車動漫劇為例，本來是一位瘋狂的自行車手，用自己認為最厲害的姿勢，全力衝刺向前，也都一直保持第一名。但在整趟衝刺的過程中，他回想起小時候（這是戲劇常用的手法，只要「插入回想」，能讓戲劇長度增加不少），這就是「細節」，當選手因為接觸了一些景象，內心小宇宙產生了觸動，這時候，很容易會有心理影響生理的狀況，當然，也會影響劇情發展，產生「意外」。精采的故事就在細節的堆積裡，觀眾想不到的意外，格外引人關注。

在我觀看的這一集自行車衝刺劇情裡，第一名的選手想起小時候家人誇讚他牙齒很漂亮，他心裡停留在受到稱讚、感到幸福的同時，決定用盡全身的力氣，奮力向前，結果牙一咬，門牙瞬時斷裂……當然，也影響了比賽成績。

故事是從素材開始堆疊，而比素材更小的單位，就是「細節」。坐在捷運上看見機場，是個素材，但如果沒有想像自己要出國的「心情」和渴望出國的「眼神」等細節，這個素材就會顯得平淡無奇。國小老師利用空拍機圓夢的故事，如果沒有「還差點什麼才算完整」的這通電話，就沒有一起登上合歡東峰的故事結尾。加上細節，會讓你的素材增添各種想像的空間，也會因為細節的安排，讓故事發生意外，使人更加好奇最終的結尾。

細節的累積，會成為一件小事。寫故事，就是在堆積這些小事，最終成為故事。

人生不也是如此？我們都生活在細節小事裡。例如每天早上起床刷牙洗臉、吃早餐、搭車、上下班。刷牙是件小事，但刷一刷，牙齦流血了，因為上班忙而沒去注意，哪天牙齒痛得不得了，去找牙醫看，發現牙周病已經很嚴重，需要一筆費用來治療。牙齦出血只是個細節，忙碌的生活讓自己沒有時間好好照顧牙齒，也是個細節，這些小細節，最終就會發展成一件需要花錢治療牙齒的小事。**生活，如果都是這些沒注意到而發生的小事，最終就會出現更大的警訊，成為人生中的大事，或許，就變成我們的人生故事了。**

下筆寫故事最簡單的方法，就是抽絲剝繭，從大事裡搜尋小事，從小事中找出素材，再從素材發現細節。別認為細節不起眼，很可能就是影響你人生故事的重要關鍵。

接下來，我舉一些故事細節的例子，你看看是不是會影響到一個人的人生故事呢？

- **生活：**吃的口味、穿的品味、房的選位、車的價位……
- **日常習慣：**跑步、騎車、游泳、儲蓄理財、做筆記……
- **工作態度：**認真積極、仔細審慎、不拘小節、領導魅力、具服務精神……
- **待人的性格：**熱情、冷漠、好親近、樂於助人、獨立……
- **家族關係：**兄友弟恭、互不聯絡、溝通開放、無話不說、有愛溫暖……

從最簡單的部分開始檢視自己，到與周邊的人際互動，或是與家人的關係，你都可以一步步萃取出這些人生素材，看看有沒有細節值得探討，最終你會發現，這些細節又會跟我們的角色定義有所關聯。把這些細節找出來，你就會找到屬於自己角色的故事素材，也會更容易描述過去發生的大小事，進而成為故事。

故事鉛筆盒

介紹一個幫助你找尋細節的工具——「曼陀羅思考法」，有人也稱之為「九宮格思考法」。這個工具不但可以幫助你找到細節，也經常是用來發想創意或故事內容的思考工具。

曼陀羅思考法是一種圖像化的思考工具，它來自藏傳佛教，最初的功用主要是協助僧侶思考。後來有日本學者延伸應用，將九宮格的圖像變成一般人也能活用的思考工具。曼陀羅思考法有多種用法，最常使用的方法為「圍繞」及「擴展」兩種。

「擴展」的方式是以「井字」為主體架構（如表一），透過井字中心的主題元素，向外擴展，讓人思考每一個元素可以有什麼延伸。擴展出去的元素，又可以再自成一個井字，持續擴展第二層元素。這個方法可以讓你跳脫線性思考的框架，在主題元素外的八個維度當中，各自發展出自己的延伸元素。當擴展得越多，

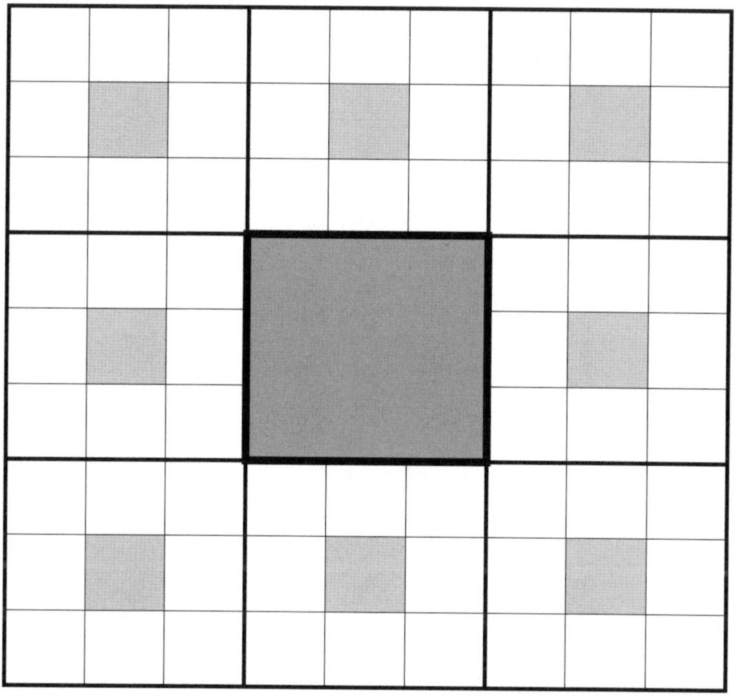

表一　空白的曼陀羅思考法

你會發現，思考出來的元素離中心的主題元素越遠，卻不會完全脫離關係。

透過曼陀羅思考法，你可以發展出「若有似無」的細節，而不會總是很直接地去描繪與主題相關的事物。這樣一來，你思考的空間更大了，最重要的是，你可以不受局限地檢視自己的人生，不會總是在同一個漩渦裡打轉，而是展開有創意的人生規劃。

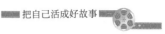

我舉兩個例子讓大家參考，例如，我要寫一個泡麵的故事，我不一定只能描繪吃泡麵這件事，透過曼陀羅思考法，我可以先展開八種相關元素：「快速」、「學生」、「加班」、「旅行」、「口味」、「爬山」、「宵夜」、「熱開水」。將這八種元素，再做一次曼陀羅思考法，每一個元素又可以發展出八種關聯元素，如此一來，我可以發展出六十四種跟泡麵有關的元素（如表二），這些元素與泡麵有間接相關，卻又不會遠離泡麵的特性。因此，我要寫故事時就可以左右逢源，不怕沒素材和細節了。

反之，如果不使用曼陀羅思考法，你能快速地從泡麵延伸聯想到「高鐵」、

泡茶	水壺	100 度	兔子	跑步	黑馬	畢業	窮	暑假
冬天	熱開水	滾燙	跑車	快速	衝刺	打工	學生	課業
電	火	冒煙	噴射機	閃電	高鐵	社團	愛情	制服
怕胖	朋友	冰箱				業務	孤獨	想睡
客廳	宵夜	啤酒		泡麵		燈光	加班	晚上
住宿	鹹酥雞	晚上				辦公桌	很累	被罵
山友	高山	樹	油	酸	淡	開心	背包	外幣
美景	爬山	冷	辣	口味	苦	航班	旅行	美景
流汗	累	雲海	甘	甜	鹹	旅館	鐵路	美食

表二　以「泡麵」做為主題元素所發想出來的結果

「背包」、「泡茶」等元素嗎？或許可以，但曼陀羅思考法能幫助你更快找出這些元素。

前者是寫故事時可以運用的案例，那如果應用在工作上的企劃，甚至你的人生規劃呢？

假設我以「減重」為目標，運用曼陀羅思考法，就可以延伸出六十四種元素（如表三），不論是故事的細節，還是計畫的細節，都可以很快有個輪廓了。

晚餐	不吃宵夜	應酬	臉書	記錄	寫下	節奏	紀律	獎懲
中餐	飲食	禁食	向朋友	宣示	提醒	期程	持續	習慣
早餐	低 GI	分量	向家人	跟自己	決心	頻率	回顧	記錄
游泳	爬山	有氧				趨勢線	運動	回顧
騎車	運動	室內		減重		隨身	檢視	檢討
跑步	健走	室外				記錄	體重計	改進
做法	獎勵	懲罰	短期	中期	長期	過關	愉悅	再努力
短期	計畫	執行	每季	目標	標準	關卡	激勵	成就
中期	長期	成果	每週	每月	目標體重	成果	定義	成功

表三　以「減重」做為主題元素所發想出來的結果

活出好故事

- 細節的累積，會成為一件小事。寫故事，就是在堆積這些小事，最終成為故事。
- 人生如果只在乎目的地，那只不過是一個點。如果在乎的是路徑，便會擁有無數個有故事的點。
- 堅持每一個細節的美好，是為了成就每一個美好。

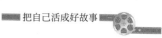

11 關聯：前因後果，時空交錯

如果沒有當初，還會不會是現在的你？

如果沒有當初，現在的你，可能就不是現在的你。這個問題牽涉到兩件事：「成因與結果」、「時間與空間」。故事，從「角色」、「素材」、「細節」開始，接下來，最重要的就是沿著時間軸，串連起整個劇情。讀到這裡，你應該開始頭暈了，整個故事的系統是不是太多了？一個角色，因為有不同的背景設定，產生許多劇情發展，再加上時間與空間的影響，如果還有配角加入，天啊，你要寫的故事，還真是錯綜複雜啊！

不過想一想，有什麼故事比人生複雜？有什麼故事比人生簡單？

矛盾吧？我舉個例子：任何一位成功名人奮發向上的過程，通常都非常複雜，他們遇到的環境與挑戰往往超越一般人，但等到塵歸塵、土歸土的時候，也只有一塊墓碑和一罈骨灰，就和所有人一樣簡單。那這位名人的努力白費了嗎？不會，因為還會留下世人對他的懷念，甚至留下影響力，改變這個世界。

你的人生，可以簡單，可以複雜，可以成名，可以沒沒無聞，可以留下懷念，也可能留下怨念。人生的故事發展有無限可能，我們每天都在這條可能的道路上前進，這條道路不是你父母給的，也不是社會給的，更不會是老天爺幫你開的路，是你自己種下的因，經歷一段時間後開花結果，成為了出現在故事中的你。

過往的經歷，都不是白走的路

我的念書時代曾經有一段時間，上課教室是暗的，伸手不見五指那種暗，偶有一道紅光，讓我稍微能看清楚。當我看清楚時，我看到是一幅幅的影像，很美、很有張力、很感動，我在這樣的暗黑世界裡，可以待一整天。那一張張吊掛的畫面是我的老師，那一盆盆的溶液是我的同學，我的考試是「時間」，我必須懂得拿捏精確的時間，最終，我交出的作業就是那一張張畫面，作業又成為我的老師，督促我繼續學習。

那一陣子，我著迷的事物是攝影，我每天都泡在暗房裡洗照片。

我有一個很深的感受，**人生的學習旅程，不能只是學校的考試科目，考試科目可以讓你從學校畢業，但不見得會跟著你直到人生結業**。在學校，還有好多可以學的，例如音樂、藝術、運動，這些社團性質的學習，反而會跟著你一輩子，在進棺材之前，你可能都還在彈吉他、畫畫、拍照、跑步。所以我總是鼓勵自己的學生，在學習課業的同時，不要忘了參與社團、學一個技能，或許，這個技能會改變你一輩子。除了辯論社、慈幼社、學生會、畢聯會等，最令我沉浸其中的，還有一個社團：攝影社。

從前年代的攝影，沒有數位檔案，只有藥水味，我們大多使用一三五底片（135mm底片），學生嘛，沒有什麼錢，就拍黑白照片，社團會採購相紙給大家洗，暗房中也提供顯影、急制、定影藥水，有時候社團還會跟學校申請經費，找外拍模特兒，給社員練習。我在五專時期，連續待在暗房的時間，比連續待在教室的時間久，只因為，想要成就一張自己理想的作品。

拍照，靠眼睛，但在按下快門之前，靠的是心。一張照片的呈現，不是簡單用幾句

「構圖」的學理說法，就可以解釋清楚，**拍照，是一種學習（內在系統）加上空間（環境系統）的呈現，在感動的瞬間（時間系統），凝結世界的一個過程**。拍照要處理的變數非常多，除了光圈、快門、感光度等形而下的技術變數，還有感覺、感受、感動等形而上的認知變數，最後，你還要掌握那一瞬間！

攝影的訓練，讓我除了對影像有感，也對人、細節、環境、時間有感，一張照片的呈現，必須有邏輯、故事、溫度，各種面向的考量下，才會成為創作者願意拿出來的一張作品。攝影，不只訓練眼睛，還整合身體所有的感官，去找出最協調的畫面組合。

後來，數位時代來臨，人人都成為「攝影大師」，身上的手機隨便按就是幾百張照片，再也不用花錢買底片，也不用把照片洗出來，手機、電腦、螢幕都可以呈現你的照片作品。但是，你有珍惜每一次按下拍照按鈕的瞬間嗎？

我很珍惜每一個按下快門的機會，也很珍惜五專期間攝影社給我的訓練，不只是拍照，我學會觀察人，我學會觀察細節，我學會美學，我看懂光影，我懂得輪廓，我會呈現反差，我學會太多，課堂上沒教的事！

在萌生創業想法的過程中，我內心沒有猶豫太久，從靜態影像進階到動態影音，就是我人生中場的動力。不只是因為我會拍照，還因為拍照，給我許多觀察人事物上細膩的訓練。我那時候想著，還好，我學過這些技術，也擁有這些技術賦予的隱形能力，我應該要用影像，幫大家說故事。

五專第三年，也就是一般高中生三年級的時候，大家都在準備大學聯考，只有我這種不是念高中的，無法體會大學聯考的煎熬，每天沉浸在企劃思考、創新創意的循環裡。寒暑假時，我都在營隊裡擔任假期活動輔導員，營隊服務期間我永遠活力滿滿。

「我也想成為假期活動輔導員，你可以教教我嗎？」一位參與營隊活動的學員，結訓後私下這麼問我。

那是我第一次，感受到學校沒有教的事是有用的事，感受到自己的認真付出被肯定了。從那天起，課外活動成了我最重要的功課。有一回，完成營隊任務，我大包小包，把行李、道具、工具、海報，統統塞進我的通勤機車，準備回家。騎著騎著，五天幾乎沒什麼睡的我，騎到眼皮很重，結果我摔車犁田了，把最珍貴的榮譽服務制服磨破了。嚇醒起身的時候，我在乎的是我那件代表榮譽的制服破了一個洞，而不是我身上有沒有傷，或機車有沒有壞。

那段時間，我就是那麼拚，拚課外活動的各種能耐，也種下一個因，**多年之後的現在，我所有的工作能量，都來自於這些訓練和歷練**，所以當我離開台積電時，我毫不懷疑自己的能力，因為我知道，除了半導體的專業，我一直都擁有一種神祕的力量，讓我可以好好地活著。

故事的劇情發展，會因為你所鋪陳的梗，讓方向有所不同。人生的劇情發展，也會因為曾經種下的因，讓結果產生變化。**寫自己的人生故事，最棒的一件事是可以回顧當初曾經種下什麼樣的因，讓你成為現在的自己**。換個方向想，我們希望自己擁有什麼樣的未來？現在，就該種下什麼樣的因。

故事鉛筆盒

人生的果實，不是在摘下時才決定酸甜，而是在播下種子時，你就可以預期日後要長出什麼樣的果實。思考一下，你想要什麼樣的故事結局，接著你就會知道，該種下什麼種子。

活出好故事

- 如果沒有當初，還會不會是現在的你？
- 如果，汗水是努力的象徵，那淚水就是永恆的回憶！
- 人生，總在不經意遇到轉彎時，看見自己種下的樹苗長大了。

12

原型：故事有原型，你的人生原型是？

創作的一開始，通常是模仿。如果想要寫一個故事，不知如何下手，不如找一個好故事，讀它一百遍，接著模仿它寫一遍。當然，我不是鼓勵抄襲，但在寫故事的世界裡，確實存在類似模仿的方式，但這不是模仿，而是找一個「原型」，運用原型，去發展屬於自己的故事。

最經典的故事莫過於「英雄人物」，英雄的成長歷程、旅程，甚至英雄在過了三十年後，還是延續著他的故事，例如《捍衛戰士：獨行俠》。這些英雄式故事都有原型路徑，《捍衛戰士：獨行俠》是一個標準的英雄晚年原型，英雄面對自己即將無用武之地，身上還有過往的陰影，最終讓英雄成功執行任務、突破陰影，這樣的原型十分吸引人。

只要運用原型，就可以產生很多種劇情。例如經典故事《西遊記》，整本書共一百回合，分成三大部分，這三大部分符合了故事三幕劇的節奏，講述了一群人西行取經遇到的各種挑戰，最終化險為夷，繼續挑戰下一個關卡。單是把唐僧、孫悟空、豬八戒、沙悟淨這四個人物角色塑造好，加上每回遇到的惡魔挑戰，孫悟空總惹事生非，豬八戒總是好色貪吃，沙悟淨一副安安靜靜的樣子，不同狀況排列組合，最終解決問題，就可以變化出各種劇情，就算我們會猜到劇情可能的走向，但我們還是愛看。

電影《復仇者聯盟》（*The Avengers*）也是英雄故事，把各路英雄集合在一起，共同解決一個問題。《復仇者聯盟》跟《西遊記》的創作時代相距幾百年，但他們都屬於「超級英雄型」，再加上「冒險旅程型」的組合。

所以，故事再怎麼創作，都可以找出一個原型樣板，或是接近某個原型樣板，接著依照原型，運用自己口袋現有的素材，發展出有自己特色的故事。

故事原型樣板有幾種，包括：**超級英雄型**、**英雄晚年型**、**認真努力型**、**遇見意外型**、**神蹟降臨型**、**傻人傻福型**、**許願成真型**、**冒險旅程型**、**貴人相助型**、**麻雀變鳳凰型**、**蝦米遇鯨魚型**等。我的人生故事，屬於「認真努力型」＋「冒險旅程型」的組合樣板，自以為總是很認真，但又在關鍵時刻，進入一個新的冒險旅程，接著，我又持續認真，再進入下一個新的冒險旅程……無限循環。

我曾經拍過一部微電影《遇見希望》，描述一位女記者到外地尋找報導題材，卻始終找不到適合的內容，期間遇到一位在地的男子，這位男子帶著女記者認識了在地，也讓女記者有了報導內容可以發揮。

這個故事的女記者，原型其實就是我自己。我離開學校找工作的時候，到了新竹，剛開始我對這個城市是陌生的，可能只懂從科學園區到住家那一段不超過十公里、點對點的路。從台積電離職後，我從事影視製作工作，我的工作化身成那位在地男子，導引著我。我的視野，突然從半導體的幾奈米，變成全台灣幾百公里，從台灣頭跑到台灣尾。我認識了很多人，更因為一些工作緣分，讓我深入了解新竹這座城市的文化與人。後來，我有個機會，擔任一間全國網路新聞媒體的地方特派，整合這間媒體在大新竹的記者資源，兩年間寫了超過五百篇報導，拍攝幾百支新聞帶。因為認識了在地，讓我找到無窮無盡的內容資源。我自己的這段故事，就成為我筆下的冒險旅程故事原型，成為了螢幕上大家所看到的內容。

還有一次，我受邀到湖口一所高中擔任短期的師資培訓，教老師拍微電影。我對每一場培訓，都會非常要求自我，也會期許學員，在結訓之後可以立刻發表成果，微電影教學的成果當然就要產出至少一支微電影。這時，這所高中的老師開始煩惱，到底要拍什麼內容呢？

「導演，我們學校有一個班，二年級了，每一次班上參加全校競賽，總是拿第二名，有位同學為了這個結果，有一次還很生氣，吞了一碗加滿辣椒的麵，你覺得這可以拍嗎？」一位老師提議。

「拍啊，為什麼不拍，這超有畫面的！」

後來，這個班級的故事，就成了高中微電影《一起》的「認真努力」原型。這個故事很勵志，也很青春，成了高點閱率的影片。

另外還有一個教學經驗，我過去曾在國防部的直屬單位教軍士官拍片，學員一樣又遇到「不知道該拍什麼」的困境，腦力激盪的會議結束後，少校學員長來跟我報告，在他們這期的受訓軍士官中，有一位女士官是藝工隊成員，一次演出中不小心跌了下來，脊椎受到很嚴重的傷，這個傷對她打擊很深，他們想要呈現這個故事。

當然好，這種遇到重大挫敗，最後又回到崗位，認真向上的故事，可是求之不得。

這個受訓班隊，從寫腳本到拍攝後製花了兩週，每個人都熬夜付出，期待創作出一個感人肺腑的作品，最終，他們成功地完成了。成功的定義有很多種，我的定義很簡單，是這樣的畫面：結訓典禮上，許多長官和觀眾都紅著眼，女主角本人更是哭到不行，共鳴度非常高。這是一部成功運用女士官同學「遇見意外」與「許願成真」原型進行的創作，作品名稱叫《舞止境》。

諸如此類，還有消防隊夥伴拍攝的微電影《我的一一九老公》、小學校的教學故事《一起看見，一起實現》、小學生和老師勇敢圓夢的故事《逆流，順風》，每一部都依照生活真實體驗的各種原型展開，成為影音故事。

你有沒有想過，自己的人生故事原型是什麼？有沒有偏向哪個原型樣板？

我們可能都在這個世界上庸庸碌碌地過生活，永遠都在想，今天要做什麼？明天要吃什麼？**但有時候，可以把自己的人生時間軸縮小，從外太空看看自己。你的人生，到底活成什麼樣？有沒有「像樣」？像誰的樣？或是說，我們活出來的日子，生活原型是哪種樣板？**如果你想寫自己的故事，有了樣板，也有參考原型，你會更好下筆。英雄的故事，差不多長得就是那樣，狗熊的故事，也是那樣，如果你在寫自己故事的時候，事先設定一個原型，這樣一來下筆就不難了。說不定，你還可以依著這個故事原型，預測自己的未來，成為自己的鐵口直斷。

故事鉛筆盒

十一種經典故事原型樣板	寫下你的人生故事原型概要
超級英雄型	
英雄晚年型	
認真努力型	
遇見意外型	

（接下頁）

十一種經典故事原型樣板	寫下你的人生故事原型概要
神蹟降臨型	
傻人傻福型	
許願成真型	
冒險旅程型	
貴人相助型	
麻雀變鳳凰型	
蝦米遇鯨魚型	

活出好故事

- 故事再怎麼創作，都可以找出一個原型樣板，或是接近某個原型樣板，接著依照原型，運用自己口袋現有的素材，再發展出有自己特色的故事。
- 學習最棒的地方是，在自己需要的時候你擁有，在別人需要的時候你付出。用交換的力量，讓世界變得美好。
- 在習慣中尋找挑戰，在挑戰中堆疊成就。或許有叛逆，卻不曾背叛初心。

13

結構：故事有三幕，人生也是

我念書不怎麼認真，也經常老實跟大家說，我沒有高中跟大學的文憑，那我的工學碩士、管理學碩士，又是怎麼來的？

工學碩士，故事是這樣的。念五專的前四年我都在玩，還差一點當了畢不了業的畢聯會會長。但在最後一年，大家都去報名插大或二技的升學補習班了，我也行禮如儀，跟爸媽要了補習費，煞有介事地前進台北最有名的補習街——南陽街。

以為自己進了補習班，就可以惡補過去四年來荒廢的課業。殊不知，插大的錄取率比尾牙普獎中獎率還低，二技的材料系名額少得可憐，在我們學校兩個畢業班裡，我都可以找出競爭對手有哪些，怎麼輪也輪不到我。再加上，進補習班前一定要排一條長長的人龍，光排隊搭電梯大概就要快半小時，那年頭，補習班的收益絕對是國家GDP

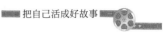

成長不可或缺的一員。進了教室，兩百人的大教室，每個人分配到的座位只有一點點，加上我這個胖子身軀，能夠擠進那小小位子，已經很不容易了。打開書本，望著補教名師在黑板上開始龍飛鳳舞，我心裡突然冒出一個聲音：

「這裡萬一發生火災，我要怎麼逃？」

想著想著，不禁打了一個冷顫，望望左鄰右舍，大家還是勤奮抄筆記。在我心生恐懼的時候，如果我相鄰的同學是個漂亮的女同學，我前面鋪陳那麼長一段的場景，自然很快就會轉場淡出，只可惜我周遭都是男生，剛剛妄想的火災場景便定格了。

補習人生經過兩週後，有一天下課，我很早就騎車回家，我媽問怎麼這麼早回到家，今天補習班沒課嗎？我把那個定格場景跟她分享，當作是一個非常合理的藉口，接著說：「我還是不要去挑戰可能的火場好了。」

是的，我的補習班迷航記，只過了兩週就直接走到結局，我用一場火災的虛幻場景當成最後一顆鏡頭，定格，讓自己淡出了南陽街。

離開南陽街，我又回到自由自在的大專生活，同學都去補習了，我獨自在社團編輯畢業紀念冊，策劃畢業演唱會、畢業舞會。做這些事對我來說是輕鬆愉快的，但我開始對未來有些恐懼，如果我沒有走升學這條路，下一條路，男生沒得選，就是等當兵了。畢業之後，兵單竟然飛快地出現，九月，我即將入伍。

「胖子、胖子，別簽下去哦！」

這是入伍前好友對我的提點，三天後我就直接忘掉好友的規勸，轉服了志願役預官。軍人總有說不完的故事，但到了快要「續約」的時候，我面臨了抉擇，是要再續約兩年，還是淺嘗軍旅生涯即可？

有一回，總部的副司令來我的中隊部駐點督導。在籃球場上，副司令這樣問我：「黃中尉，你要不要考慮留營，我知道你家在台北，你簽留營，我把你調到總部，當我的侍從官，離家又近，你看如何？」

這個提案對很多志願役軍官來說是個天大的好消息，一來，這位長官應該是肯定我的，不然誰會特地到花蓮，認領一個不認識的軍官回營？再者，能夠到台北的博愛特區，每天穿著軍便服上下班，這是多少職業軍人夢寐以求的日子？副司令在我的中隊部駐點了幾天，他讓我好好想想。其實，我連想都沒想。我心裡只有一個想法：

「我在工專念書念了五年，應該不是為了幫長官提皮箱吧？」

我很快地婉拒副司令的提議，其實這期間，我休假都會回去找五專同學聊天，看著念二技、插大的同學，一個個進了材料所碩士班，其中一位還是碩一直升博一，我心裡非常敬佩，不只敬佩學歷，還有他們未來的工作可能性。我很清楚，我不想要回去繼承家業做米食，我還是清醒了，五專玩了五年，到海岸巡防司令部歷練了三年，接下來，該是認真面對未來的時候了。

我總是認為自己不會念書，研究所碩士班距離我好遙遠，但我的同學都在那裡。我認真了，我跟一位也是簽志願役軍官的同學，回頭找五專教授，請求他讓我們兩個旁聽學弟班的課一年，我們希望把放掉的課業再學回來，我們想要回到工程的路上，跟同學一起前進。

「好，我可以讓你們旁聽，但有一個條件：你們必須每堂課都到，同時參與我的每一次大考和小考，你們的成績必須跟學弟妹一起排名，只要你們同意，我就收你們當旁聽生。」

我和同學二話不說，答應了教授的要求，展開一年的旁聽之旅。那段重考的日子，在嚴師的要求下，我用了整整一年的時間，上課就到台北工專的教室旁聽，下課時，我特別挑了台大的圖書館複習課業，我刻意讓自己以為我就是台大生，想辦法沉浸在這樣的學習氛圍裡，或許這樣我去考台清交成，機會就大一點，我催眠著我自己。

催眠是有效的，我讓自己念書念到極致，每天就是教室、圖書館來回跑，就這樣循環了一年，終於，我進到了台科大的材料所。放榜時，內心的澎湃除了來自上榜的喜悅，更多的是因為我終於做到了。離開課本將近四年，我用了一年的時間自我要求、自我催眠、自我鞭策，沒有去南陽街，不用上補習班，但我真的突破了自我。我發現，人生沒有什麼困難無法度過，再難的事，只要相信自己，老天爺就會相信你。

就讀台科大材料所的日子，我扎實地完成課業跟論文，銜接到科學園區當工程師，這一切，都因為退伍後一年堅持「重讀一次」，讓我實踐了當工程師的夢想，進入業界夢寐以求的殿堂。

我始終覺得我不會念書，但我想告訴你的是：**當你想念書的時候，你就很會念書，關鍵在於「你想」**。我也將這個觀念帶進我的家庭，我不會過度在乎孩子的成績好壞，我更在乎他是不是喜歡現在的自己，**至於讀書，我知道有一天他會開竅，那個時候不用別人逼，他自己就會很認真，那才是真的念書**，只是發生的時間不一定會跟正規教育的規劃相同。就像我的南陽街時光不是我的開竅時光，退伍之後，我才看見我真正想做並且有熱情去做的事。

這是一個不會念書，但是在終於開竅想念書的時候，拚命努力的人生故事。你一定也有這樣的人生故事，當你有了自己的角色、素材、細節，前因後果也很明確，你就是自己故事的原型，這些內容都備齊之後，要怎麼下筆自己的人生故事？

故事有一種最簡單的三幕劇結構，你可以嘗試用三幕劇的結構，來撰寫自己的人生故事。

第一幕：鋪陳

以我的故事為例，我沒有很會念書，念五專時期都在跑社團，第五年有點覺醒，跑去報名插大二技補習班，是「素材」；補習班座位很小，我幻想著發生火災，是素材裡的「細節」；服役的時候，婉拒長官的建議，想要重回學生生涯。到這裡，不管是素材的內容，還是細節的描述，都在為整個故事做「鋪陳」。觀眾會想要繼續往下看故事，是因為好奇這些鋪陳最終會發生什麼事？

故事有前因後果，所有的鋪陳都在為故事種下「因」，最後一幕，才有「果」的呈現。那你的人生鋪陳會是什麼？有人是認真念書，有人是困苦的家境，有人則是集結了各種幸運。沒有什麼樣的鋪陳才是對的、好的人生。你覺得幸運的人生，未必會一生幸運；困苦的家境，也不一定就一生困苦，有許多困苦的故事，最終會邁向高峰。整理一下，人生走到此時此刻，你為自己做了什麼鋪陳？你可以先想像你的人生故事結局，接著反推，你現在應該鋪陳什麼，你的人生故事才會精采。

第一幕的鋪陳，不只是鋪梗，一個故事在鋪陳的階段，會帶給你一些對未來的想像。以電影《復仇者聯盟》為例，當地球有危機，神盾局號召英雄們一起對抗惡勢力，能否打敗惡勢力，當然是這部電影第三幕要處理的重要結局。但在打敗惡勢力之前，這群英雄是否能組成一支強大的聯盟，齊心協力對抗惡勢力，就是個關鍵。英雄們有各自的性格跟想法，不一定能很快集結起來，形成英雄聯盟的整個過程是一個小故事，**第一幕有這個小故事做鋪陳，讓觀眾對於最終的結局建立一點信心。當觀眾的信心建立起來，就**

更容易融入劇情，願意繼續觀賞。

人生故事的鋪陳，同樣需要在每一個階段，產生一些小信心，你的故事會在這些小信心的建立下，一步步靠近最終的大任務。在我準備研究所入學考試那一年，曾經先考取了一所私立學校的碩士班，讓我信心大增，雖然我放棄了那所學校，沒有省下後面繼續讀書的時間，卻讓自己更有力量面對之後一年的挑戰。我的創業歷程裡，到目前為止我認為還沒有值得提的大成功，但好幾次在創新創業的競賽中拿到獎項，或是獲得客戶的肯定，就是成功的小結局。在這些成功小結局的鋪陳下，挑戰會越來越大，但我鋪陳了信心，就有力量面對更艱難的挑戰。

第二幕：衝突

好看的故事，除了要符合因果關係，通常大家覺得最吸引人的部分，莫過於發生了懸疑、刺激、心驚膽跳的劇情了，這個部分會在第二幕「衝突」展開。衝突這個字眼，不一定代表要有火爆的情緒，它指的是一種「挑戰」與「面對」，衝突可能是對競爭者，也可能是對家人、朋友或另一半，但人生最大的衝突，通常是「自己」。

在運動競賽中，運動員乍看之下都在爭取第一名，但頂尖的運動員都是在追求突破，突破每一次的自己，你常會看到競賽場上，第一名的運動員不但拿到第一名，破了世界紀錄，同時還破了「自己的紀錄」！這就是一種跟自己面對面的衝突。人生路上，跟我們競爭的人很多，可是如果你不去主動參加競爭，他們進不到你的故事裡；唯有自己，不斷在自己的故事中出現。**每天，你都希望自己比昨天的自己更好，這就是在自己的故事裡，堆疊衝突，挑戰自己**。

追求心儀的對象，也是一種衝突，衝突的不是那個對象，而是每一次追求行動所遇到的障礙，你會一直思考如何打動對方，如何讓他答應與你牽手同行。求婚，也是一場內心小宇宙的衝突劇情，你需要很多的鋪陳，面對很多的質疑，甚至可能得不到親人好友的祝福，依然要堅持你的愛情故事，尋求共度一生的機會。許多浪漫的愛情故事，就是這樣的故事模組，例如《梁山伯與祝英台》、《羅密歐與茱麗葉》，都是用一場場的衝突，編織出一個悲淒但浪漫的故事。

至於我呢，無論是談戀愛或求婚的過程，都有非常戲劇化的故事，你應該可以想像，一個在念研究所的胖子，要追求一位在念大學的美少女，這當中有多少的衝突畫面啊？但如今的我已經度過第二幕的衝突，走到第三幕的「解決」了。所以，請認真想想，**你過去的人生素材有哪些衝突？整理這些素材，找出素材的細節，你一定可以寫出非常精采的第二幕。**

第三幕：解決

有了「鋪陳」與「衝突」，觀眾最期待的，莫過於故事的結局。「解決」，主要在處理故事中所有鋪陳和衝突帶給觀眾的疑惑，例如：他們會在一起嗎？醫生救得活這位病人嗎？究竟誰會成為企業接班人？正義會戰勝惡勢力嗎？這些都是故事第三幕要處理的，順著前面的因，你要慢慢地在第三幕告訴大家結果。

如果，你要寫的是自己的人生故事，你可能會問，人生不是到了老年才是第三幕嗎？我還沒走到那裡，怎麼描述自己的故事第三幕呢？別忘了，**人生不只是一場電影，更像是一齣連續劇**，會有第一季、第二季、第三季……。

故事有趣的地方並不是鋪陳了一堆劇情，加足馬力、直線前進，就會得到一個美好大結局，如果要一口氣憋著看完這樣的故事，實在太累了。**人生也是如此，如果是蓋棺論定那個時刻，才算劃下美好的句點，那肯定很辛苦，因為你會一直追求最後的大成功結局，而錯過了中間的小結局**。人生故事，會在每個階段有著不同的小成就，例如：考上喜歡的學校、從學校畢業、找到喜歡的工作、找到喜歡的人、完成一個重大專案、組成一個溫馨的家庭、孩子的誕生、家庭一起完成一趟自助旅行等，這些劇情都會有各自的「鋪陳」、「衝突」，最後找到「解決」的方案。

我們可以從巨觀的角度看待一生的故事，也可以從微觀的角度，去看一段期間發生的小故事，這些小故事就像一集又一集的連續劇，累積成你的人生。

故事鉛筆盒

安排三幕劇的比例有些技巧，鋪陳過長，觀眾會沒耐心；衝突是故事最精采的地方，不能太短；解決的結局更不能草草了事，也不能歹戲拖棚。有些學者認為三幕劇有所謂的「黃金比例」，其比例約略為「一：二：一」，第一幕約占整個故事的四分之一，第二幕約占整個故事的二分之一，第三幕約占整個故事的四分之一，這樣的比例是個通則，對觀眾來說也是較為舒服的觀賞節奏。

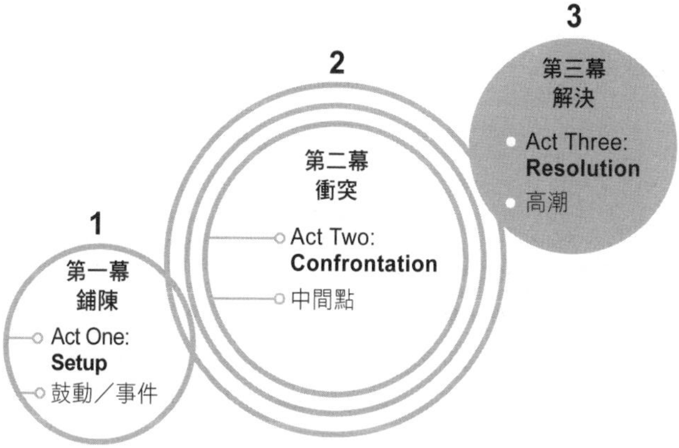

表四　三幕劇的黃金比例

如果將「劇情」在「時間」上的變化製成圖，它不會是條直線，長得會比較像一條曲線。隨著鋪陳、衝突、解決三個階段，會呈現出一條S曲線，也就是一個故事的高潮起伏。三幕劇的S曲線概略如下圖，在第一幕、第二幕、第三幕中，又分別有自己的小S曲線。S曲線的最高點，就是故事劇情的高潮點，也有劇情反轉向下的轉折點，這些轉折構成一幕幕精采的故事，加上故事長度的黃金比例分配，便能打造一個引人入勝並具有節奏感的劇情設計。

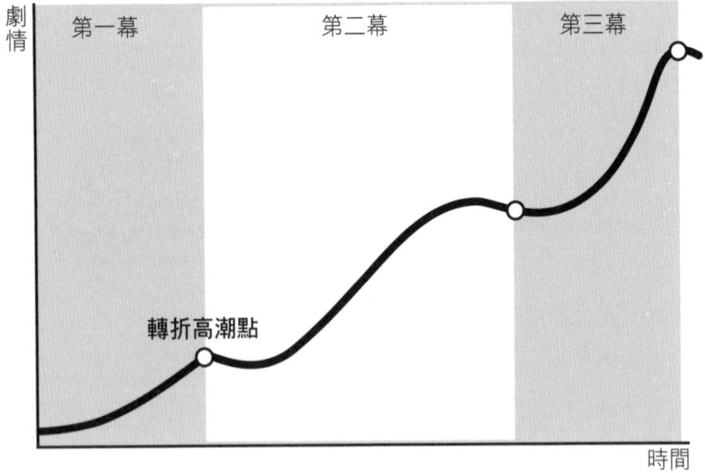

表五　三幕劇的S曲線

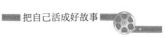

活出好故事

- 不要忘了，人生不只是一場電影，它更像連續劇！
- 想依靠別人，不如讓別人想來依靠我們！
- 人生的路沒有直的，只要轉彎轉得漂亮，就值了！

14

頭尾：怎麼開始？怎麼結束？

三位電玩遊戲機的業務，被老闆分別派到三家銀髮族長照中心兜售產品。

第一位業務搔著頭一直想，這些長輩誰會玩電玩啊？不過也只能硬著頭皮，去介紹新款的遊戲機和遊戲。介紹了半天，阿公阿媽們沒人聽得懂，最多就只看懂運動類的遊戲，大家試玩了幾次，有阿公嫌不會用，有阿媽覺得自己動作不夠快，不好玩。最後，只有一位比較年輕、也玩過電玩的阿公，為了讓自己保留點年輕的回憶，買了一台。

第二位業務，一樣也是一副百思不解的表情，認為老闆根本就是故意出難題，去跟老人家兜售年輕人的玩意兒，怎麼可能賣得動，但他靈光一閃想到一個主意，就趕快出發去長照中心了。結果他跟長照中心的負責人介紹了機器，他說，長照中心的休閒區可以增設幾組這樣的機器，讓老人家有空玩一玩簡單的遊戲，動一動也比較不會失智。長照中心負責人一聽，覺得也有道理，反正阿公阿媽不玩，就當是給員工的福利，讓員工紓壓。第二位業務，賣了三台。

第三位業務，接到任務就很快地出門了，開車前往長照中心的路上，還一點都不煩惱的樣子。離開長照中心時，第三位業務賣出了一百台。回到公司，大家都很驚訝，這位業務怎麼辦到的？

第三位業務跟大家說：「我只跟阿公阿媽說，這是最新款的電玩遊戲機，是小朋友的最愛。聖誕節快到了，你們如果準備這台當聖誕禮物，小孫子們一定會很期待來看你們！」結果整個中心的老人家，每個人都下單一台。

這是很簡單的故事，卻經常發人深省，大家也會留下很深的印象。故事的開場跟結尾經過簡單的設計，讓人容易進入情境，並且記得故事要傳達的真諦。

以這個故事來說，開場運用了「衝突」的手法，讓你一開場就覺得「怎麼可能？」，對比越明顯，那個「怎麼可能」的問號就會越大，甚至將兩個完全不相關的事物放在一起，讓開場出現非常突兀的畫面，這一刻，你的故事就開始勾住觀眾的心了。

開場的設計

「半導體工程師放棄百萬年薪，投身影音文創業。」對我的採訪報導，常常都是下類似這樣的驚悚標題，讓大家想要去了解，究竟這個人是頭殼壞掉，還是那個文創產業有多厲害？我再告訴你，百萬年薪是事實，而且遠超過一百萬，但影音文創產業要成功則十分艱難。這就是利用衝突當作故事開場的一種手法。

「砰！」我用力把門關上，奮力嘶吼著：「為什麼別人家的小孩假日都可以出去玩，我卻要在家幫忙做生意？」

這是一個有爆點的畫面，直接切入故事，從我小時候曾經有的內心衝突開始，透過肢體動作跟嘶吼的聲音，加深畫面的衝突感。目的也是在第一時間吸引觀眾眼球，直接進入故事，不拖泥帶水。

故事的開場，有很多種設計的手法，列出五種開場法讓大家參考：

1. **平順法**：就像一天的開始，陽光灑入，你起身開始一天的作息，用平靜的劇情帶觀眾進入故事。

2. **對比法**：巨大的對比，就像黑與白、貧窮與富有、戰爭與和平、老人與青春等，運用這些大腦本來就認知是對比的事物展開故事。

3. **懸疑法**：一開場就充滿了疑點，通常偵探類的故事是這樣的安排，讓觀眾從開始就產生疑惑，迫切想知道答案。

4. **爆點法**：開場就端出各種激烈的衝突，包含情緒衝突、爭辯，也可能是一個震撼的畫面，例如車禍、飛機失事、戰場等。這樣的故事開場能讓大腦受到刺激，聚精會神。

5. **倒敘法**：先把故事的結果說出來，接著再慢慢告訴大家為什麼會這樣。把結局放在開場，代表你不怕觀眾知道結果，中間反而設計了許多橋段，讓觀眾在回溯的過程中，找尋與結果相關的樂趣。

要描繪自己的人生故事，切記不需要從你呱呱墜地、你的爸媽是誰、你怎麼上幼兒園、你的家庭環境說起，**寫人生故事，要去找影響你最深的幾個時間點**，每一個時間點，最重要的是什麼事情，不斷找尋素材、細節、推敲前因後果，最後把這些素材整理一遍，看看如何堆疊才能符合「鋪陳」、「衝突」、「解決」的三幕劇結構。最後，你要思考哪些素材最適合開場，符合具吸引力開場的條件。

故事，如果從一開場就平平順順的，就不容易吸引觀眾的眼球。換個方式思考，如果我們的人生，從小到大，甚至一輩子都順利，茶來伸手、飯來張口，那我們的人生故事，應該沒有人想看，因為，只有享受愉悅的人生，既無聊又無料。所以，**如果你自認為擁有一個很悲慘的人生，恭喜你，你的人生故事會很賣座，就用那些衰事開場吧！對比別人順利的人生，你先拿到一手故事好牌了**。這不是笑你哦，別忘了，劇情的高低潮是一種相對的概念，你現在蹲得越低，之後只要輕輕一跳，就會超越自己許多，**你的開場越是悲慘，你的結局就相對越精采**。

精采的收尾

有個好的開場，那要如何幫故事收尾？

在故事學的研究上，概略有兩種故事收尾的型態——「回復型」及「懸念型」。

1. **回復型**：不管故事如何發展，最終會回到故事的起點。例如，世界和平遭受威脅，英雄們起身奮戰，最終，讓世界再度回到和平的狀態。
2. **懸念型**：結尾解決了故事本身的衝突設計，但引發衝突的因素並沒有消失，留下一點空間讓觀眾思考。例如有續集的系列電影，往往會留下一個讓觀眾有想像空間的開放式結局。

當你設計一個故事，你就要先思考，要以哪一種形式來收尾較合適。當然，人的一生大都是「回復型」的收尾。本來不存在的我誕生下來，歷經一番故事，最終，軀體還是不會留在這個世界上，回復到沒有我的狀態。不過人一生的故事也不會沒有懸念，我們創造了世界，我們生了小孩，我們的精神，在我們創造的人事物中得以延伸，軀體是沒了，但精神或影響力會一直留存，甚至影響了其他人，讓故事延續下去。

人生的階段故事，就是典型的「懸念型」收尾，人生是部連續劇，每做一件事，都會影響下一件事，每一段故事都會牽連下一段故事的發展，每一個新故事都不是從零開始，而是有依據地開始。

我的社團歷練，在畢業時成了懸念，但在我創業的時候，得到延續。

我的部隊歷練，在退伍時成了懸念，但在我工作的時候，得到延續。

我的職涯歷練，在轉職時成了懸念，但在我分享的時候，得到延續。

看懂了嗎？**故事的結尾，沒有結束，它永遠都是另一個故事的開始，尤其人生的故事**。就算人終其一生，世界回復到沒有你的狀態，也會因為你的付出與貢獻，產生影響力，幫這個世界繼續寫下故事。

開頭那個業務賣遊戲機的故事，其實還沒結束。電玩遊戲機的老闆看了三個業務的表現，都肯定了他們的努力，但老闆跟業務們說：

「在你們出去跑業務的同時，我自己也賣了五百台遊戲機給其他長照中心了……」

故事鉛筆盒

故事開場設計的五種手法：平順法、對比法、懸疑法、爆點法、倒敘法。

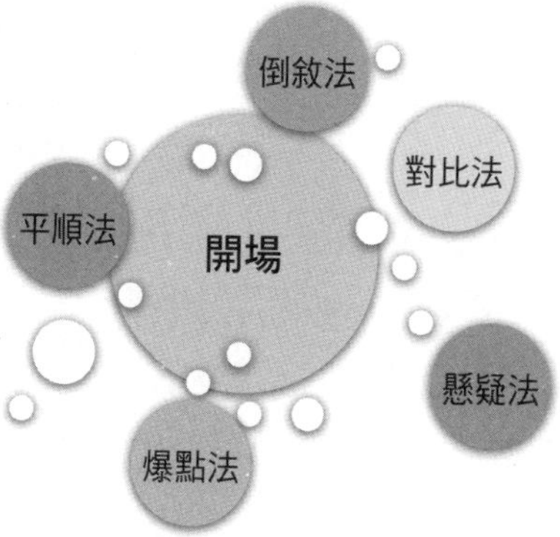

故事收尾的二種型態：回復型、懸念型。

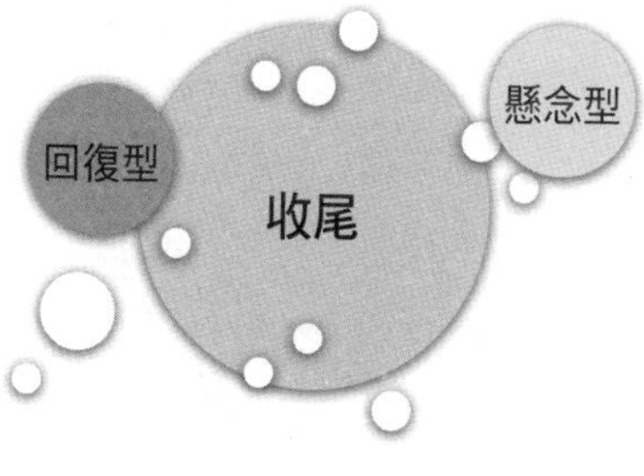

活出好故事

- 故事，如果從一開場就平平順順的，就不容易吸引觀眾的眼球，換個方式思考，如果我們的人生，從小到大，甚至一輩子都順利，茶來伸手、飯來張口，那我們的人生故事，應該沒有人想看。
- 是我看見未來，不是等著讓未來看見我。
- 開始，需要多大的決心？不需要很大，只要一點點蹲低的耐心、一點點望遠的決心、一點點跳躍的信心。

第3幕

用故事力，超越自己

15 行動：開始說，就順了

說故事，「寫下」才有可能。過日子，「去做」才有動能！

如果你真的想說故事，有兩個方向：你已經做過什麼？你想做什麼？

一個是過去，一個是未來。過去好比紀錄片，未來好比虛構故事，過去跟未來，都值得做些什麼事。有些人默默地想了一輩子，也做了一輩子，沒有人為他記錄，等到塵埃落定，只留一塊墳塚；有人從小到大都有記錄，從兒時的成長光碟，到結婚的浪漫影音，最後，連入土時都有生命紀念影片。

這些都是故事，但你有沒有想過，很多時候你所看到的故事，都是第三者眼中的故事，而不是自己寫自己的故事。就算是偉人傳記，也都是後人寫出來的故事、別人所賦予的稱號。

離職進入創業成長期之後，我便開始思考，如果有一天我走了，會留什麼給這世界？有人說遺產，但我身上沒幾塊錢，連遺產稅可能都不用交；有人說豐功偉業，我想那些都會是過往雲煙，沒有人會記得太久；有人說懷念，懷念倒是值得留下來的，至少，走過這世界一遭，有一天還會有人想到你，能說幾句「想當年，我們一起……」。但如果連懷念你的人也走了，誰懷念你呢？

只有故事會流傳下來。

我那時候想，當我走了，看能不能留點故事下來。要隨時寫故事有些難度，一句話或一段話比較容易，於是，我開始寫「瑞仁語錄」，寫了將近五百段瑞仁語錄，放在自己隨身的記事本，而且持續增加中。這些語錄，有些是簡短一句話，有些其實是一個故事，不知不覺，我透過文字把故事都放進口袋了。

只要去做，足跡就會成為你的故事

「阿金姐，你整間工作室都好香啊！」

「那當然囉，來，你看，這是香水檸檬，這是酸桔。現在正是我們加工的時節，你來得剛好，來來來，吃吃看我們的檸檬乾。」

有一天，我造訪「阿金姐工作坊」，阿金姐正在跟員工夥伴一起做果乾，我嘗了一口桔餅，搭配檸檬香跟酸桔香，心情充滿了酸甜滋味，那種酸甜，我想就跟阿金姐的人生故事一般。我認識阿金姐超過十年，我在新竹的綠市集，嘗過阿金姐的各式產品，有一陣子我受高尿酸值困擾，常常來找阿金姐報到，梅精是種高鹼性的梅子加工品，可以中和體內的酸。

你可能也嘗過阿金姐家的產品，如果你吃過摩斯漢堡，有一款帶有酸溜溜桔醬味的漢堡，裡頭的桔醬正是阿金姐家的產品。大家可能會以為國際連鎖速食餐飲的供應商都是大品牌或大工廠，而無法想像如阿金姐這樣的小農，也會成為國際餐飲品牌的供應商夥伴。當你有機會造訪高速公路的服務區、農會的農民直銷站、連鎖超市，不妨留意看看，或許也會發現這個品牌的身影。

故事說到這裡，好像看到了故事的第三幕「解決」，對吧？你會說這又是一個角落小人物的成功故事，阿金姐的故事已有許多節目報導過。不過，我這裡要說的是——內幕！我不是要挖什麼八卦出來，也不是要說成功打響一個品牌之後的故事發展，反而，這個故事像是停留在第一幕的「鋪陳」。

有一回，我去逛市集，又遇到阿金姐在市集裡擺攤。當然，又有好喝的梅汁，還可以試吃好吃的果乾，但我忍不住問了阿金姐一句：

「阿金姐，妳的品牌這麼知名了，妳還是堅持出來擺攤哦？」

阿金姐說，她喜歡與人接觸，喜歡跟客人分享她做的食物，不管品牌做得多大，她還是想要出來跟大家噓寒問暖，因為這樣才有人的溫度。當初她會創業，也是因為自己做的東西健康又好吃，發自內心想要跟大家分享。所以如今就算員工再多，你還是可以在市集看到阿金姐，親自在攤位上請大家試吃；如果造訪加工室，她也是一身農婦工作裝，跟員工一起加工、包裝。就算目前品牌傳承給第二代，阿金姐的女兒也是遵循著媽媽的理念——動手做，除了維持原本小農契作的模式，同時還多了社會關懷，他們與慢飛兒合作，請慢飛兒協助種植洛神花，再加工成好吃的洛神花果乾。

你有在這個故事中看到「衝突」嗎？並不是沒有「衝突」，所有的創業過程都是充滿衝突的，但是阿金姐不停回到初衷，你會看到，阿金姐跟女兒不斷地動手做，不斷地鋪陳，堅持品牌的初衷，最終，也替自己寫下許多值得傳頌的故事。

許多人生故事的開始都沒有「華麗登場」，只有一點一滴的累積，就像阿金姐用單純的桔醬及梅子產品，一步步踏實地往前走，有一天，日式連鎖品牌看見她了，媒體看見她了，正在讀這本書的你也看見她了。人生的故事，可能是很有趣的，但更多時候是悲慘的，當你學會說自己的故事，就不會害怕。面對未來，挑戰不會比過去更少，逆境總是會不斷出現，但請相信，**一旦開始寫故事，就順了，寫完過去，你一定會順著寫出可能的未來**。也請相信，當你開始行動，人生就啟動了，你一定會擁有過好日子的動能。

自己到底想要留下什麼故事？或許，當你在思考該寫什麼故事的時候，會感到很苦惱。但我認為，**「做」才是關鍵，只要做過了，足跡就會成為你的故事、你的語錄**。如果你現在還年輕，那你要很慶幸，人生的七十萬零八百個小時，你才剛開始，你可以先想想你要做什麼，一旦做了，故事就出來了，你一定會是一個有故事的人。萬一你跟我一樣，用掉人生的一半時間，怎麼辦？放心，你還有另外一半的時間啊！至於已經用掉的那一半，你可以想看看，在人生故事裡，那段時間扮演了「鋪陳」、「衝突」還是「解決」？人生的前半段，是種下了「因」，還是已經長出了「果」？等你把素材整理出來，你要說的故事，已經寫了一半。

「讓夢想變高，把事情做好，讓人生既高又好！」

我的人生還有四一％的時間，我可以寫我過去一半的精采，接著，我還有將近一半的精采可以創造，那麼你呢？

16 願景：看見月亮，爬上山頭

當命運來挑戰你，你選擇低頭視而不見？還是抬頭勇敢面對？

我在創業期間，進修管理碩士學位的時候，班上有位我們尊稱為大姐等級的同學，她和先生一同領導的企業早已是上市公司，產品線也是台灣的隱形冠軍，市占率總是全球前幾名，但她依然認真學習，上課永遠坐在講台前第一排，這位企業創辦人的公司其實也經歷過曲折的成長路徑。

創辦人夫妻從小在農村長大，他們一直有個夢想，這個夢從一座小廠房開始萌芽。一九八六年，創辦人在當時的台北縣設立了一座小廠房，專門生產車用的塑膠零件，對在農村長大的創辦人來說，蓋廠房可是一筆不小的資金，但是為了圓夢，他們想辦法借錢也要實踐這個夢——「車用零件廠」的夢。

不只創業需要資金，結婚也需要資金，當時的他們決定要一同經營未來人生，於是，在創業不久後再度標了會，完成兩人的終身大事。那個年代是個起飛的年代，只要肯拚，必定有機會。白手起家的公司創辦人，憑藉著一股熱情、一身技術和一輩子都不變的態度，讓公司一路走上正軌。

不幸的是，一九九〇年代，正值美國及世界經濟不景氣，許多產業都縮手投資，但這間公司沒有被打敗，堅持一步步完成工廠的建置，同時也找到適合公司發展的中東市場，在「堅持」與「智慧」裡站穩腳步。一九九八年，成立發貨中心，意味著公司的成熟壯大，完成邁向世界的第一哩路。

創業除了要有「勇氣」，也需要「智慧」，早期公司經營中東市場，是基於市場容易進入，但公司本著對品質的堅持，他們製造的車用塑膠零件其實已經具有美國市場的實力，在發貨中心成立後，更積極爭取進入美國市場。然而，美國市場雖然可以帶給公司更多的利益，一旦接下訂單，必定會考驗公司的產能，若是產能不足，就算市場再大，也無法如期出貨，對商譽會有很大的傷害。

對於未來，創辦人夫妻充滿信心，將美國市場訂為目標後，決定著手擴充產能，讓產品不再只銷往中東地區。公司毅然決然將中東市場交給貿易商經營，轉向車輛保有率高，但挑戰也更大的美國市場，同時積極尋找適合的工廠用地，最後決定落腳中部的工業區。二〇〇四年工廠遷址工業區，三年後，行政辦公大樓落成啟用，正式宣告公司進入產能擴大的新世代，全力發展車用保險桿、水箱罩等汽車零件市場。

站穩腳步、擁有市場、擁有產能的公司，已是具有完整企業能力的公司。然而遷址工業區，卻帶來一個極需要解決的問題：人才需求。在農村長大的創辦人，一向務實經營企業，對於資金需求，也一直都是穩紮穩打，沒有特別思考要讓公司上市來籌募資金。但人才需求議題，讓創辦人認真思考公司上市的做法，新辦公大樓落成的那一刻，公司高層沒有被新大樓樂昏頭，馬不停蹄開始籌備上市櫃，公司順利在二〇一二年股票上市。

二十六年間，這間公司度過了全球經濟不景氣，挑戰了擴充產能及製程垂直整合，成為台灣車用保險桿及水箱罩的製造商隱形冠軍。

沒有最好，只有更好。

二〇一三年，公司持續完成產能擴充，同時，他們開始思考下一步。站穩市場的公司，開始思考分散風險的可能，將生產及管理觸角向海外延伸，意味著新的挑戰隨侍在側。管理及文化的差異，將考驗公司是否能如過去三十年一樣持續成長。

企業成長之路，走上去就不會停了。眼前是一個又一個的山坡，唯有越過面前的山坡，才能看見更高處的美景，而山坡不會自己消失，除非哪天你想走下坡。

這對夫妻，從標會開始創業，也從標會開始組成家庭，兩個人擁有共同的「願景」，同時，接受每一個「目標」的挑戰。

願景是月亮，目標是山頭

在台大陳忠仁教授的企業策略課堂上，他將「願景」比喻成天邊的「月亮」，「目標」則是眼前「山頭」。

願景究竟是什麼？我以台積電的願景為例：「成為全球最先進及最大的專業積體電路技術及製造服務業者，並且與我們的無晶圓廠設計公司、整合元件製造商的客戶群，共同組成半導體產業中堅強的競爭團隊。為了實現此願景，我們必須擁有以下能力——是技術領導者，能與整合元件製造商中的佼佼者匹敵；是製造領導者；是最具聲譽、以服務為導向，以及客戶最大整體利益的提供者。」

你在這段文字中看到什麼？我看到「最先進、最大、與佼佼者匹敵、領導者、最具聲譽」，這些形容看起來都很厲害，但你又具體說不出哪裡厲害，只有感覺到要做世界第一。這就是願景，就像高掛在夜空的月亮，明亮皎潔，你看得到，卻摸不著，但夜裡只要有月亮，就有月光引領你前進。所以，台積電持續朝著技術領先、製造領導、服務客戶的目標前進，也成為我們這片土地的「護國神山」，這一切的發生都是因為有企業願景，其實也就是企業的夢想。

如果你也要成為很厲害的那個自己，一樣也該有願景。只要有願景，我們人生走的路，就會一直有個方向。**願景可以很大，像月亮一樣大，大到你摸不著，永遠掛在夜空，照亮你的人生**。願景也不會隨著時間任意改變，像前面提到台積電這段願景，這二十幾年來未曾改變。這段願景文字，讓一個企業從董事長到作業員，每一個員工都很清楚知道，企業對未來的想像是什麼？所以，員工很清楚，自己該做什麼。

你有沒有許下自己的人生願景呢？讓身體的每一個細胞知道，你對於未來的想像是什麼？

我的願景是：「有能力成為指北針，幫助大家找方向。」

願景就是可以這麼遠大。但要實現願景，需要設定「目標」來幫你。

企業要訂目標，不管是年度營業額目標、企業社會責任目標，甚至近年當紅的ＥＳＧ目標，都是企業在營運時很重要的指標。你有沒有發現？目標比願景更具體，營業額、減碳、公司治理，這些目標都可以用量化數字或質性文字，清楚地描繪出輪廓，所以，**目標是「眼前的山頭」，只要努力往前走，你也可以攻頂，踏實地佇立在目標上。**

人生當然也會有很多目標，像我要列減重目標、寫這本書，還要規劃每個月的進度目標，也要規劃出家庭經營目標、旅遊目標、收支平衡目標。人生，就是在一個又一個目標達成之後，不斷地前進。

再回頭看看三幕劇的劇情曲線，你有沒有發現，說故事這件事的願景，不在那張畫出來的Ｓ曲線裡，但說故事的願景可能是這樣的：

「讓每一個聽過這故事的觀眾，都打從心裡深深感動。」

為了讓觀眾獲得深深的感動，必須有劇情的安排，透過三幕劇的鋪陳、衝突、解決，把觀眾帶向高高低低的劇情，最終，在幕落下時，低下兩滴眼淚。每一幕的劇情高潮點，就是一個故事的目標，讓觀眾情緒有變化，吸引觀眾繼續往下看。

企業的願景、人生的願景，都是企業與人生成長的最終追求，當你想要開始一段故事旅程，動筆之前，何不先想想，最終的結局會是什麼？你最想要怎樣的結局？當你腦中有一個畫面，例如：登上衛冕者寶座、入住千萬豪宅、擁有成功事業，是否比較容易回過頭來設定目標。當你設定「短期目標」、「中期目標」及「長期目標」，再運用這些目標，回推若要達到目標，現在開始該做的事，對於規劃自己的未來，是不是更具體了？這就是所謂的「以終為始」，在故事的概念中，是先設想出結局，再回頭把故事線描繪出來；從人生的角度來說，你可以解讀為**首先找出自己的願景，再訂定人生每一階段的目標，接著開始規劃完成目標的詳細步驟**。

人生故事，要有美好的願景，也一定要設定目標，沿著這條路徑走，故事就會很精采，人生也會很精采。你人生的願景月亮在哪裡？你想攻破哪座目標山頭？你開始想像「以終為始」了嗎？

17 成長：修煉「內在系統」

我在本書的序言提及人生有三大系統——「內在系統」、「環境系統」及「時間系統」。「內在系統」是讓自己前進的動能，火箭升空需要燃燒燃料，產生推力，人生也需要足夠的燃料，我分享自己經營人生故事線很重要的「動力三能」給大家：「能源」、「能量」及「能耐」。

能源：健康和財富

人生有很重要的兩種能源，分別是「健康」與「財富」，有了這兩種能源，你才有辦法開始寫故事、寫自己的人生故事，或是創造新的人生故事。「健康」不用說，想要內在系統正常運作，必須有一個健康的身軀，讓我們可以去實踐想做的事。想要擁有健康，你可以規劃健康的飲食和持續的運動習慣，有時候，你可能會忍不住大吃大喝，或是想要偷懶不運動，這時候，你要想想「天邊的月亮」及「眼前的山頭」，把自己的願景跟目標再回想一遍，很快地，你又會回到規劃的軌道上，持續用健康的身體，去實踐你想要的故事。

「財富」則是很多人會忽略的一種能源，因著我們華人「財不露白」的概念，你鮮少聽到成功人士擁有多少財富，而大多是聽到他們如何戰勝逆境，你會很想學習他們的精神，但千萬不要忘了，投身夢想，除了健康，還要有財富。這裡指的財富，不見得要家財萬貫，只要你擁有一套不用「主動」產生價值、換取金錢的系統，就可以讓你在前往夢想的路上，走得更安穩一些。我在 Podcast 節目訪談過許多成功人士，我發現這些成功人士有個交集點就是，他們都有一套自己的財務管理規劃，財務的規劃不見得會讓他們財富自由（每個人對財富自由的定義也不同），**但可以讓他們沒有太多顧慮地做自己想做的事，其中必要的條件是建立「被動收入系統」**。

擁有「健康」與「財富」的能源，就會讓你的「內在系統」有燃料可以運作，是一切故事開始的根本，千萬不要只顧著為夢想打拚，以為健康、運動可以等夢想達標以後再開始規劃，也千萬不要視金錢如糞土，高尚的情操或許會得到旁人的讚許，但你何不先健壯自己，擁有安全的被動收入系統，再將多賺到的財富回饋給社會，或許，會得到更多的讚許。

能量：熱情和態度

內心的強大，是一切事物前進的根本，當你有了「能源」，在健康與財富無虞的狀況下，還必須有「推力」，讓你保持前進。在職場上，我一向很注意「熱情」與「態度」，我會隨時檢視自己在工作時，對每一件事物是否保持熱情，並建立良好的態度。因此，我創業的公司在進行新人面試時，往往也都以這兩個方向做為晉用的準則。我一直相信一件事，能力可以在短時間內靠著教育訓練培養；但熱情與態度則是與生俱來，加上後天的家庭、學校和社會教育所致，如果我們合作的同事、夥伴，擁有對工作的熱情，也有正確的工作態度，後續的教育訓練就不難了。

讓自己的人生充滿能量，會讓「內在系統」獲得前進的推力，在有充足的能源下，只要熱情點火、態度加溫，你就會獲得源源不絕的動力。熱情與態度所轉化出的能量，也經常會成為你的人生正能量，靠近你的人，一定也會感受到那股神奇的力量，你是不是經常被TED演講（TED Talks）的講者給吸引，你是不是經常覺得：「哇，他們怎麼都這麼正向？他們怎麼可以那麼堅持？他們怎麼對事物抱持好奇與關心？為什麼每一位上台的講者，都令人感到那麼開心？」

只要有「熱情」與「態度」，就能跟他們一樣擁有能量，你也辦得到！

能耐：能力加上考驗

「能耐」跟「能力」類似，但我選擇使用「能耐」這個字眼，是要強調除了能力，還要擁有接受挑戰的耐受度。簡單來說，**「能力」加上「考驗」，就是對「能耐」的詮釋**，這也是內在系統很重要的一個角色。當你有了基本的能源，也有前進的能量，要往哪個方向前進，靠的就是「能耐」，白話一點說就是：「你有哪幾把刷子？」

能耐來自於你過去的學習跟經歷，也可能是你在人生某階段的自我要求和訓練。我過去念了工學院的材料工程，也經歷半導體研發的工作，所以我擁有材料科學的基礎能耐；離開台積電之後，我苦練攝影、學習剪輯、撰寫腳本，所以我擁有了影音製作的應用能耐；近年我開始製作 Podcast 節目，鑽研聲音內容的每個環節，我也開始具備聲音傳播的能耐。除了工作，你還可以運用零碎的時間，建立一套非職業的興趣能耐，例如寫作、畫畫、電繪、旅遊、音樂等。

有一回我陪兒子參觀台灣的自行車展，我發現在這個領域有很多運動網紅，多數人都不是把自行車運動拿來當成正職，而是一種休閒，但因為深入接觸，他們變得越來越專業，不論是體能，或是對自行車、周邊配備、道路的了解，甚至是對國外的自行車路線，都有一套自己的見解與經驗。因此，這些運動網紅都在原本的正職工作之外，建立一套自己的能耐，不論是參與專業競賽，或是跟粉絲在網路上的互動，能耐打造出這些網紅的「內在系統」，正職工作是一套內在系統，興趣成了另一套內在系統。

運用「能源」、「能量」、「能耐」，你會交織出一套自己在人生故事線上的內在系統，透過這套系統，你開始往目標邁進。

遇到谷底，如何翻身？

如果，往人生目標邁進的過程中，你走到了低潮的谷底，你要先做一件事：先去了解這裡真的是谷底嗎？會不會其實還不是谷底？

我也曾經以為我到了谷底，尤其是為了創業到處借錢的時候，可是當我看看家人、孩子、周遭朋友對我的關心，以及我所擁有的一切，再去跟其他悲慘的故事相比，我就會知道，這哪叫谷底？人生何必如此怨嘆，明明比我慘的人還有很多。

你以為的谷底，通常不是谷底；你以為的高峰，通常也不是高峰，因為這一切，都是「你以為」的，比你慘的人很多，比你更登峰造極的人也很多，所以，不要埋怨、不要孤傲。這世界很大，人很多，不要輕易地為自己短暫失敗而哭泣，也不要狂妄地炫耀自己的成就。

既然高峰谷底都是比較而來的，自己跟自己比，就可以定義高峰谷底。例如，以收入來說，我剛創業時領的薪水（其實根本沒有領），比起在台積電工作時，當然是谷底；可是我創業時，親自拿到客戶訂單、得到客戶掌聲，跟在台積電時根本見不到客戶、只知道埋頭苦幹的時候相比，就是個高峰。

我在五專念書時，有一門課是「冶金熱力學」，這門課是材料系學生的必修，也是研究所入學考試的科目。我在職進修的時候，有一門課叫「策略成本管理」，這是念管理學門的必修，也是公司經營一定要懂的財務會計。

偏偏，我的冶金熱力學幾乎都是考零分，完全不懂的那種；又偏偏，我的策略成本管理課沒有修得很好。這兩門課，不管是工學院還是管理學院，都讓我在學習的歷程中達到最低潮的時期，也在我的學習人生當中，註記了擔心與害怕。

一個學生總是考零分，夠谷底了吧？那麼，如何在成績最低潮的時候翻身呢？分享我常用的「脫胎換骨三步驟」，實際運用在自己的谷底時期，一步步讓自己「脫谷」。

第一步，不要放棄。要知道，自己只是這門課不太行，不是每門課都不行。就算是課業都不行，人生還有很多可行，運動、音樂、藝術，都會是你可行的機會。一定不要放棄自己，不要因為一門課、一件事就否決了自己，當你是一個有夢的人，就會擁有各種可能。

所以我在志願役退伍後，決心要報考材料研究所，我知道我五專成績不好，但不代表我未來的成績一定不好，我不去嘗試，怎會知道自己的能耐在哪裡，或許，我是一個被社團耽誤的資優生也說不一定啊！我退伍後重新成為工學院學生的一員，慢慢重拾書本，從微積分開始再切入熱力學，也成功在研究所的入學考試前，讓一個零變成二個零，從零分到一百分，我真正認識了冶金熱力學。

創業後念管理的那段日子，我很清楚財務管理是我的弱項，但要畢業一定躲不過這些必修課程。不過有了冶金熱力學的經驗，這次我信心增加許多，更不甘心被數字打敗，我想像著，自己是被創業耽誤的資優生。每一次上課前，我一定睡好睡滿，保持足夠的體力，上課期間，我則本著「跟你拚了」的精神，仔細理解每個章節教授的內容，每一份作業都想盡辦法完成，最終，這門課我獲得了意想不到的高分。我沒有放棄，即使處在谷底。

第二步，持續改變。即使認真付出，其實也不會馬上看見成果，前述的兩門課，我都花了一學期到一年的時間，才扭轉了過去的成績，因為沒有放棄，所以就願意投入。經過了持續的投入，我才看見自己的分數慢慢地轉好，從零分到十分，從不及格到及格，從及格到滿分，這個過程沒有捷徑、沒有奇蹟，只有一點一滴的累積才會發生。

第三步，強化內在。當年，要不是堅持考上研究所，我就不會有半導體工程師的歷練，也不會有錢創業，當然，也沒有這全部的故事。創業那段時間，因為有機會到各單位做演講分享，每次交資料給主辦單位時，我自己總是覺得怪怪的，怎麼「工學院」的資歷背景，要去演講「故事」呢？創業六年之後，鼓起勇氣報考台大ＰＭＢＡ，學習了財務管理、成本管理，當然，也強化了策略管理、創新管理、組織管理等課程，這一路走來，讓我在事業上有很大的轉折，公司的經營也慢慢從影音跨足戶外休閒，而且，到企業機關的演講題目，除了故事，還多了創新跟管理。**建立一套屬於自己的內在系統，在不同時期，持續進行「更新」，讓自己隨時擁有面對挑戰、谷底翻身的「能源」、「能量」及「能耐」，將是跳脫谷底的關鍵**。

谷底翻身這件事十分不容易，就像玩大富翁桌遊，有時候需要翻「機會」牌、「命運」牌，才有機會脫離破產、坐牢的困境，回到起點，重新開始。但真實人生，沒有機會天天翻牌，絕大多數還是得靠我們的雙手去做、雙腳去走，才能突破現況。關於如何谷底翻身、轉折向上，我也從故事三幕劇曲線得到啟發，延伸出三個心法：

1. 持續擁抱願景

故事三幕劇的劇情曲線會向上，是因為有著對故事劇情高潮的想像，只要人生的願景還在，前進的熱情與動力就會一直在，不用擔心你一直待在自己人生的谷底，天邊的月亮一定會在夜裡指引你前進的方向。一旦你放棄這顆屬於你的月亮，夜會更黑，谷底也會一直是谷底。

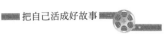

2. 時間淬鍊一切

月亮照亮一切，你開始起身而行，但要走多遠，才走得出谷底？我想沒有一定的答案，故事挖得有多深，你就得爬得有多高，人生跌得有多重，起身就需要多費力。還好，只要你願意，一定爬得出來，最後，只剩下時間的問題。所以，一旦到了谷底，你要相信幸好自己有月光，我要奮力向上，剩下的就交給時間。

3. 布局成就未來

跌到谷底之前，如果你先綁了一條繩索頭在上面，藉著月光，一步步拉著繩索往上爬，是不是能更快離開谷底？這條繩索，就是你在人生故事的路途上行走時，給自己未來的「布局」。它是你人生主線外的第二條支線，英國社會哲學家韓第（Charles Handy）稱之為「第二曲線」（The Second Curve）。如果你拿了兩個S型的鉤子，是不是要一個鉤子往下彎，另外一個鉤子往上彎，這樣兩個鉤子才能鉤在一起？仔細觀察故事三幕劇每一幕的S曲線，就會發覺，第一個S曲線走到轉折點往下時，會銜接上另一個S曲線的下彎處，你可以試著把第二條S曲線下彎的尾端進行延伸，就會發現其實兩條線是有交錯的，這個交錯隱含著在第一個S曲線要開始下彎「前」，你就該做好「布局」，一旦下彎到某個程度，第二曲線就有機會銜接上來，不致讓你過去所有的豐功偉業，不斷衰退，甚至歸零。

「持續擁抱願景」、「時間淬鍊一切」、「布局成就未來」三個心法，讓你在遇到谷底時可以勇敢面對。「不要放棄」、「持續改變」、「強化內在」三個步驟，則讓你拿出曾經做過的準備，你依然在月光下往上爬，依著你的改變與堅持，光明會接續出現，時間最終會給你答案。

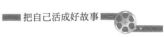

18

場景：檢視「環境系統」

我真的覺得，周遭認識的每一個人都好棒，他們都有很強大的「內在系統」，尤其是在台灣這片土地上，我經常看到堅韌的生命力，在自己的角落展現精采的演出。但我也會思考，他們怎麼無法在更大的舞台發光發熱？

當你擁有健康的「內在系統」，其實不見得等於可以爬到巔峰，這個省思，我是向股市投資取經。

台灣目前有超過一千七百檔股票，也就是有這麼多的上市上櫃公司。有些投資人看基本面，用公司的財報來決定投資標的，但如果投資可以只看財報，那一切就簡單多了。我觀察過許多績優公司，無論它們的財報再怎麼健康、未來能見度多高、籌碼集中度多高、技術面再怎麼好，還有一件事無法精準掌握，就是「總體經濟」。也就是無論一家企業再怎麼健康，也要面臨經濟環境的挑戰，更何況，我們身處一個容易被地緣政治影響的環境裡，政治環境同時也會牽動經濟的發展。

當企業的內在系統十分健全，面對周遭環境的改變，一定也會做出相對應的變化，這時候，只考慮內在系統是不足的，必須同時考慮「環境系統」。一個人的故事發展也是一樣，故事除了人物設定、劇情素材，也會受到外在環境的影響，而改變故事走向。就像拍戲，拍攝腳本都會註明場景設定，白天黑夜、室內室外，都會讓劇情有不一樣的呈現。

「環境系統」裡有三個關鍵要素，也就是我們經常掛在嘴邊的「天時」、「地利」、「人和」。「站在風口上，豬也會飛」這句話，就是在表達天時、地利、人和的綜合效應。

天時、地利、人和

環境系統的第一個關鍵要素——天時。許多人都很努力，但生不逢時，結果就成了惋惜。你我都聽過「在對的時間，做對的事」，很可惜，對的時間也是一種幸運。我們在時間軸上面行走，上天並沒有賦予快轉、前進或倒退的權力，時間系統是線性前進的系統，我們只能承認並思考：**在這個時候，能夠盡的最大努力是什麼？**

環境系統的第二個關鍵要素是地域性。或許，你做了一件事，在某地不受到認可，但跨越空間，到了另一個場域，就變成了超級明星。珍珠奶茶、小籠包，在台灣是街頭巷尾很容易吃到的平民美食，但到了國外，珍珠奶茶和小籠包卻變成稀世珍寶，一杯手搖飲料的價格是台灣價格的三倍，依然賣得嚇嚇叫。在台灣，你會很想試試日本料理、韓式炸雞、義式披薩、法國菜；在國外，唐人街、華人街的中式料理，對於非華人來說，一樣會是受歡迎的「異國料理」，這就是「地利」產生的效應。所以，你的專長、能力，你公司的產品、服務，在當下的場域也許不被重視，但如果換個場域，物以稀為貴，可能又是不同的風景。

第三個關鍵要素是人際關係，人脈也經常觸發故事不同的結局，有時候你很努力，但別人的人脈廣，就可以抄捷徑，直接超車你的努力。我並不是鼓勵大家不必努力，一天到晚花費你的人脈存摺，而是建議大家，如果希望故事有好的結局，「與人為善」是不可缺少的。**你不見得一天到晚要使出人脈資源，但當你的努力有了一定程度的累積，「人」往往可以多幫你一把**，在最後射門得分，這就是「人和」的展現。

「天時」、「地利」、「人和」，藉由這三個場景的思考，你可以清楚知道自己的失敗是不是真的失敗，你還沒抵達成功，是不是因為缺了這三者當中的哪一部分？

舉個例子說明天時、地利、人和所組合而成的環境系統，對我們的人生會產生什麼樣的影響。你可能坐過高鐵，高鐵以時速三百公里的速度往前奔馳，想想看，如果你在行進的高鐵車廂裡往上跳，你會不會被高速移動的車廂打到？或者，你可能曾經在搭乘汽車時，有隻蚊子飛進車子裡，當你開車從台北出發前往高雄，這隻蚊子只要沒有被你打死，也沒被你打開窗戶趕出去，是不是也會跟著你移動到高雄？

為什麼你在高鐵車廂往上跳，不會被高速行進的車廂擊落？為什麼汽車在高速公路上行駛，蚊子用牠原本的慢速度嗡嗡飛行，卻會跟你同時抵達高雄？

這是很簡單的大自然原理：牛頓第一運動定律，也稱為慣性定律。當物體不受外力或外力和為零時，物體會維持原本的運動狀態，也就是靜者恆靜，動者恆做等速度運動。當人站立在疾速行駛的高鐵上，鞋子跟高鐵車廂地板有摩擦力，所以其實人跟高鐵一樣，都不是靜止的，人隨高鐵車廂前進，當人往上跳，一樣受到慣性作用，在車廂內看到的自己，是原地垂直往上，但如果從車廂外看車廂內跳躍的人，其實不只往上，還有往前的路徑。

從慣性定律的角度出發，你所處的環境確實會影響你的表現，依照物理學的角度，是你所處的「環境系統」改變了，所以呈現出在不同環境下不同的結果。

當我們的故事場景改變了，故事就會有不同預期的發展。

高鐵車廂上的自己，跟站在馬路上的自己，我們的內在系統（身高、體重、體能、健康）並不會有太大的差異，那為什麼我們在高鐵車廂內往上跳，從車廂外的角度看起來，我們比任何跳遠選手跳得都還要遠？一隻蚊子的平均飛行速度是每小時一．五公里到二．五公里，為什麼蚊子在高速公路上的車內，從汽車的窗外看起來，飛行速度有時速一百公里？

是環境改變了！再回到天時、地利、人和的場景三思，你是不是更能告訴自己：我這個故事主角，已經很努力把自己活好，我的內在系統是堅強的，我需要的只是對的時間，在對的地點遇見對的人。

卡關時，試著轉換環境系統

有一對夫妻，從賣早餐水煎包開始，一路打拚。我認識他們的時候，他們已經是兩間義式餐廳的老闆，車子也從貨車升級到進口車。有次因緣際會，我介紹了部落小農給他們認識，當時，老闆還是商圈的理事長，他號召整個商圈有共同理念的店家，一起到尖石鄉的原住民部落尋找無毒有機蔬菜。那一次，一行人浩浩蕩蕩，很多老闆都開著進口車上山，到了路程的一半，原住民農夫請大家下車，改搭山上才有的「農用貨車」，因為接下來的山間小路更難走。

那個畫面很特別，看到一群老闆擠在一台貨車上，一路開心說說笑笑，管他們開的是什麼名車，都只能留在山下了。到了山上，晚上大家生火取暖，與原住民的農夫談談他們的種植理念，也交換餐廳的經營理念，大家就在山上的小屋簡單過了一晚。隔天，持續探訪無毒耕作的農田，體驗當一日農夫。

這對夫妻沉浸在「無毒健康」的餐食理念裡，他們的餐廳主廚使用的食材價位也都相對地高，當然，帶給客人的健康價值也很高。堅持理念不容易，進貨成本高，又是在全台的一級美食商圈跟其他餐廳競爭，真的非常辛苦。前幾年餐飲業蕭條的時期，真的是撐不下去，老闆賣掉進口車，改開貨車，省吃儉用，還是不敵環境的考驗，陸續結束餐廳的營運，回到創業的原點。

兩位創辦人經過一番思考，並沒有被現實打敗，因為要付房貸，孩子也還在念書，他們決定從創業的本行做起，回來賣水煎包。不過這次的水煎包更進化，身為主廚的老闆娘，還是堅持理念用最健康的食材，於是，水煎包裡的高麗菜來自尖石部落的無毒有機蔬菜，讓山下的消費者也吃得到山上的健康。

這對夫妻的故事從鋪陳、衝突到解決，他們始終很努力，前一段故事轟轟烈烈地結束，他們看懂了自己的人生，知道自己要從另一段故事再開始。「環境系統」說明了這對夫妻的努力，只是缺乏場景三思「天時」、「地利」、「人和」的支持。如今，ESG理念開始受到人們重視，住在都會區的民眾更加注重健康飲食，或許，這對夫妻的事業即將迎來下個頂峰。

最近我與這對夫妻的一次見面，是在他們的水煎包早餐店。這個「水煎包早餐店」的環境系統，就我看起來非常溫暖、非常和諧，他們堅持提供健康的早餐，工作起來也是舒服愉悅，老闆現在沒有名車、只有貨車，但內心的快樂遠勝過當時經營大餐廳的壓力。他們在對的時間，找到對的場域及對的人，做對的事，就算早餐店的規模不如以前的餐廳，我想，在他們的內心，也已經活出屬於自己的好故事。

寫這本書時，我已經連續兩年擔任學校機關及企業的顧問或業師，拿到全國競賽的前三名，每一個獎項都是百萬等級的獎金。不過在帶領這些團隊之前，我也歷經了孤寂與低落，因為，我自己曾經入圍了很多創新創業競賽，卻總是與前三名擦身而過。我當時其實有些不明白，我檢視每個細節，都準備得天衣無縫，每一次簡報至少都練了十遍，為什麼我還是沒有辦法進到前三名？

其實到現在，我也沒有明確的答案，只記得曾有位評審跟我說：「你們團隊很棒啊，只是運氣差了點，這一屆的團隊都很強，不然你們也會拿獎。」

幾年前，我選擇轉換角色，擔任「教練」，沒想到第一次當教練就上手。也許是因為我是真的上場廝殺過的選手型教練，我很容易想像投資方需要什麼，評審會問什麼，我也很清楚新創團隊的產品或服務最容易遇到什麼問題，甚至因為拍片的關係，時常走跳各地的我也能很快知道，消費者遇到每一個產品或服務，他們心裡真正在想的事情。

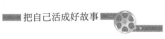

因此，我的身分雖然不是團隊隊員，卻可以為團隊建議一套他們從沒想過的商業模式。這套新的思維，往往突破團隊原本的設計，也突破評審的心防，讓整個商業故事看起來很有一回事。

或許我這樣算是一種「扶龍命格」吧！這幾年，我認清了自己，我可以把商業的脈絡弄得很清楚，說一個很棒的商業故事，是因為我不再「當局者迷」了。當我必須自己去執行任務時，如果我沒有找到適當的角度，或是沒有足夠的時間，無法看清楚整個故事的輪廓，也就容易造成盲點，而毀了一切；但當我站在外圍時，我卻能完整看到全部，也有足夠的時間思考，我的腦袋更清楚，能夠找出讓事情更有進展的方向。

有一陣子，我很認真設計自己企業商業模式的生態圈，我期待我能建造一個王國，讓適合的夥伴進來這個生態圈，我是協助大家共好的核心，讓一切運作順暢。這件事醞釀了很久，始終不順利，有太多事情要做，搞得我也有點人仰馬翻。但後來我發現，我不見得要成為那個核心，核心可以是別人，我甚至不用自建生態圈，加入別人的生態圈也是一個選項。

我承認了，我不見得必須是龍，但我可以扶龍。

在自己的故事裡，我們可以定期檢視自己的人設，沒有誰規定人一生就只能扮演一種角色，我們因著學習成長、人生歷練、環境變化，會逐漸調整自己的定位。人生的願景是個大月亮，你會一直朝願景前進，但通往願景的路有好多條，需要越過的目標山頭也會不一樣，目標可以依照每個時期的變化而微調，但你要持續朝願景前進。**隨時注意你的「環境系統」，說不定現在行不通的理念，換了一個環境就會很順利地實現，或是再熬一下，再過幾年，趨勢到了，你的想法就會成功推行。**

19 超越：掌控「時間系統」

時間不斷地往前，「時間系統」是三個讓人過好日子的系統當中，你最使不上力的一個系統。但也因為最難使力，讓你有機會與別人不一樣，當別人在故事時間軸上順順地走過時，你看懂自己的人生故事時間，就可以運用規劃時間系統，找到新的出路。

當「內在系統」與「環境系統」交錯在某一個靜止的時空，就形成自己當下的狀態，每一個當下會有許多種組合，可能是最美好的組合：堅強的內在系統與適當的環境系統；也可能是最糟糕的組合：脆弱的內在系統與艱困的環境系統。每一個當下的組合，都是人生的「情節」。

時間的推進構成時間系統，也讓情節串連起來，形成劇情。縱然我們的內在多麼強大，環境多麼優越，都無法把最美好的時刻凍結起來，我們必須正視時間的演進。

在時間系統裡，你無法任意更改自己的時間軸，如果可以更改，那這本書就會是科幻小說，然而，虛構情節在真實世界並不存在，至少現在尚不存在，你我還是得乖乖按照時間順著走下去。可是，有三個「越」，你可以嘗試去了解，知道自己在時間軸上還可以做什麼努力，我簡稱為「星光三越」，分別是「穿越」、「跨越」、「超越」。

穿越：審視過去、現在及未來

時間一直在走，你可以做的是跳脫目前的時空，用最高的格局，俯瞰自己的人生。有時候我們身陷在時間流裡，在乎每一分每一秒，我們趕車、趕路、趕開會、趕做飯，也趕吃飯，我們總是在節省每分每秒。可是，當你跳脫當下，把自己拉到外太空，看看這個在地球上忙忙碌碌的自己時，你可能會覺得有些好笑，**以巨觀的人生來說，你當下的一分一秒、喜怒哀樂，是非常渺小的**。比起當下的忙碌，更重要的是，知道自己目前所在的位置，**想要知道自己目前在人生哪個位置，就要善用前面篇章分享的故事曲線，**

運用「穿越」重新審視自己過去的故事，你過去「鋪陳」過什麼？解決了哪些「衝突」？也運用願景、目標的設定，讓自己知道未來在哪裡、還有多遠。

做這件事，你就會像穿越劇裡的主角，先飛回過去，看看過去自己的故事，有沒有留下什麼故事線索，也可以穿越到未來，想像自己完成夢想的樣子。你可以畫出一條自己的劇情對時間S曲線，最後，有一個時間點是「現在」，你將自然地找到目前所處的位置，可能正在爬坡，可能已經登過好幾座衝突的高峰，也可能在谷底。

在時間系統裡，要描繪出自己人生故事的曲線，就必須先脫離當下、回溯過去、向前找尋夢想，學會穿越，你就學會定位自己。所以，你的那些趕時間、忙忙碌碌，就會顯得沒那麼重要，你反而會更注意自己人生曲線的走向，以及未來要前進的方向。

跨越：遇到阻礙，一躍而過

時間系統要配合故事曲線，才能有所作為。當你穿越時空，替自己畫下劇情對時間的故事曲線後，接下來，你還可以做一件事：找出停留原地的劇情，也就是你在人生故事的曲線上遇到障礙的時間點。過去發生的事，我們都不可能重置了，但至少現在發生的、或未來即將發生的，都有機會運用「跨越」的思維，來解決原地踏步的問題。

概念很簡單，當我們的人生曲線隨時間前進時遇到障礙，這些障礙有可能是「環境系統」造成的，也可能是「內在系統」造成的，它會讓我們人生故事的劇情無法持續往上升，甚至會向下走，讓我們落在谷底。想要跳脫谷底，運用前述的「脫胎換骨三步驟」，一步步調整，一定有機會「脫谷」。另外一個方法，就是**在故事時間軸上，你很明顯看見這個鴻溝的存在，如果一不小心就會跌下鴻溝，但還好你學會說故事，你知道這裡有一個很大的坑，你當然不會繼續沿著時間軸讓自己摔下去**。這時候，你要做的是「跨越」。也就是說，你選擇不摔下去，即使我們有「脫胎換骨三步驟」，你也不想花很多時間重新爬出來，這時候，就只剩一種選擇，就是「跨越」。

想要跨越一個可見的鴻溝，要有很強勁的「內在系統」，這個系統必須支持你有足夠的動能往前跳，最好再調整「環境系統」，儘量有天時、地利、人和的輔助，讓你一躍而過。

超越：調整自己的節奏

當你穿越時空，畫好自己的故事曲線，也知道在每一個鴻溝低谷來臨之前做好跨越的準備，**你還可以更好，日子還可以過得更好，那就是「超越」自己**。超越自己是世界上最難的挑戰。要超越別人，你只要觀察想超越的對象，研究他的習性、特性，並訓練自己，就有機會超越他；但「自己」的故事曲線，你的願景、目標、夢想就是由當初那個自己訂定出來的，現在不但要完成，還要超越，就像每天都在跟自己賽跑，每一個自己，都要比自己更好，那是個無限賽局，永遠沒有結束的一天。

在時間系統中，如果想要超越自己，最簡單的便是提早抵達終點、完成結局，速度會變快，結局會提早來臨，但是故事的節奏感也會很不一樣。當你加快自己的故事節奏，減少掉到鴻溝谷底的機會，好結局一定會提早到來，時間一樣在走，但你的人生又多了好幾個可以持續完成的目標，你沒有讓時間快轉，你讓自己快轉，也是一種控制時間系統的策略。

不過，不是每個人都能承受快轉自己的人生，要跟大家說明的是：**人生故事，沒有**

正確的節奏，只有適合自己的節奏。你不用去學習名人的快節奏，也不用去複製別人的時間系統規劃，你該做的是了解自己的故事曲線，描繪出自己的位置，接著思考，這樣的規劃適合自己嗎？我的人生故事走得太快還是太慢？我需要調整步調嗎？只要你在人生每個階段，不斷地審視自己，就一定會微調到一個適當的前進節奏，能夠好好享受人生的風景，也不忘向目標、願景邁進。

用「穿越」描繪出自己的故事，「跨越」鴻溝讓自己前進，「超越」原本設定的未來，你就會是夜間閃閃的星光，讓人想要多看你一眼，也照亮夜間的道路。

每個結局，都是下個故事的開始

那每一個故事時間到了，只會是結局嗎？

不是，是下一場戲的開始。

我在台積電擔任研發工程師的那段日子，對於故事的結局跟開始有很深刻的感受，因為研發工程師的工作就是從零開始，展開一個產品的故事，持續把產品研發做到最好，接著交付給工廠開始生產。對於研發部門來說，算是一個結束，對工廠生產線來說，卻是個開始。那我們把一個半導體產品研發完成，就準備休假了嗎？不不不，通常還沒結束，另一個半導體產品的研發故事，就已經悄悄地開始，甚至，下下一個世代的產品，也默默地展開鋪陳了。

研發講求的是效率，誰最先做出來，誰就擁有先行者優勢，誰是先行者，誰的價錢就可以賣得比較好，菜市場如此，半導體的世界也是如此。那要如何加速？有一陣子，台積電推出「夜鷹部隊」，當時只徵純夜班的研發工程師，接受這份工作就是與月亮同行，因為台積電要讓研發在晚上也不間斷。好，這樣不就快馬加鞭了嗎？其實這樣的速度還不夠，**真正厲害的，是別人以為要開始時，你已經結束，別人以為要結束時，你已經開始**。簡單來說，每個世代的產品研發結束前，新世代的研發就已經開啟了。

我用半導體來分享整個研發的過程，故事的製程也是這樣子，每一個故事終究要面對「結局」，也就是三幕劇中的「解決」這一幕。前面的篇章有提到故事的結局可簡單區分為「回復型」跟「懸念型」，故事回到原點叫做「回復型」，故事可以繼續往下發展就是「懸念型」。當你定義故事是「懸念型」時，你可以開始設計連續劇，讓觀眾不斷追下去。

不過，想要讓故事環環相扣、一路發展，並不是完成一個故事，再開始一個故事。故事的寫法，跟半導體的製程研發很像，在一個產品快要研發完成之前，另外一個產品早就悄悄開始研發。第二幕提到的故事三幕劇S曲線，就會像是S掛鉤一樣，交錯鉤在一起。研究企業成長或產品生命週期的人會聽過，這叫做「第二曲線」，在故事的世界裡，第二曲線就是指在第二幕的衝突時，開始鋪陳第二個故事的開端，當觀眾都還沉浸在第一個故事的衝突中，第二個故事的主角、配角、素材就已經默默地進入你正在觀賞的故事，為第二個故事做準備。人生，其實也是由很多的第二曲線組合而成。

學故事對我來說，最大的獲益不是拍片，不是說故事的能力，而是懂得人生的起起伏伏，也懂得透過規劃，讓人生充滿起起伏伏。因此，我從來不抱怨生活中的挫折，因為我知道，一個衝突谷底會對應到一個結局高潮。不管現在正在進行的故事是喜劇或悲劇，都要先做下一個故事的鋪陳，如此一來，人生的故事才會不斷地往下走。所以，懂故事就是懂人生的事，你會用高格局看待一切，更有遠見地布局人生，讓自己的人生跟台積電的先進製程一樣，一直超越，永遠沒有極限。

台積電還有一個有趣的加速研發做法，我暫且稱之為「平行時空」，讓兩組人同時進行不同世代的研發工作，概念上是希望在同一時間，做完兩個世代的產品研發，這樣速度不就加倍了？是的，真的有可能，因為我曾躬逢其盛，參與這個我稱作「平行時空」的計畫，產生出好多感人肺腑的故事，而且是兩個不同的團隊一起。

在故事的結構中，我們稱這樣的「平行時空」為兩條故事線，也會區分成故事主線和故事副線，兩條故事線會在某一個時間點交錯，對這個故事而言，最後還是會產生一個大結局，主線與副線的主角和配角，也會有屬於自己的小結局。因著主線與副線故事的鋪陳，在首部曲的結局裡，肯定會再埋下一條新的故事線，讓精采的故事持續下去。

每一個故事結局，都會是下一場戲的開始；每一個開始，都在為結局做準備。故事不斷地延伸，讓人們去追；人生不斷地前進，讓夢想永遠比現實高一點。

20

格局：內在與環境交錯在時間軸上

寫下這篇文章時，我正在搭飛機。飛機起飛的同時，我想起之前在 Podcast《指北針》的一場訪談，受訪者是 Charles，他是一位室內設計師，曾背負了千萬債務，到四十歲才還清。他告訴我們，當他還清債務，開始列人生願望清單，有一個願望是旅行，而且是「探索體驗式」的旅行。有一次，他在國外學開飛機，學習過程需要一段時間，然而，當他坐上駕駛座，開始一步步起飛的流程，他這樣描述：

「當飛機滑行到一定的速度，速度到了，拉一節，就起飛了。」

不曉得 Charles 這段話是在述說學飛的過程，還是對人生的有感而發？錄音的當下，我迅速記下這段很有意思的話。

當我們不斷努力，試著讓夢想起飛，不停學習，閱讀各種書籍，參考許多成功人士的路徑，挑戰自己並遭逢失敗，這些都是「內在系統」的試煉。然而，想要起飛，需要有適合起飛的天候環境，要有足夠長的坡道讓你加速，還要有機長在速度到的時候，拉一節。當你問一些有成就的人怎麼成功的？他可能會回答你：「就這樣啊，我也不知道。」成功的起飛，常常沒有如你所想的充滿轉折，而是順著你的努力、環境的驅使，平順地就進入成功的領域。反之，**如果你還沒成功起飛，很有可能是「內在系統」或「環境系統」還不夠成熟，所以要持續提升「內在」，觀察周遭「環境」**。

不過，「時間系統」經常被忽略。當你檢視自己的內在系統，觀察環境系統，你看見的是「當下」。當你把「時間系統」加入考慮，你就會知道，不管你的內在怎麼變化，環境怎麼變遷，這兩者之間如何交互作用，人生永遠有「過去」、「現在」、「未來」三大時間區隔。我們都不斷想要超越自己，活出更好的未來，但如果只用現在自己的內在系統及現在的環境系統，是無法成就未來的；更好的未來，一定會在更好的自己、更好的環境下發生。同樣的道理，現在的內在跟現在的環境，如果跟過去相比，一定也會比過去的自己和環境好。

時間系統讓你看清楚自己在時間軸上的定位，當你知道自己在人生三幕劇裡所站立的位置，你就會更清楚，我爬升了多少高度，距離我的目標還有多遠，我還在前往願景的正確方向上嗎？時間系統讓你更清楚，自己目前的內在系統夠不夠用？現在的環境系統跟未來的環境系統有沒有差異，未來，需要怎樣的內在系統和環境系統，你才能往自己設定的終點前進。

往前看，未來的確變數很多，不容易預測，但可以肯定的是過去已經發生，你的故事在時間軸上前進著，走過一定會留下足跡。時間系統上，你可以做的就是看清楚自己的過去，說好自己的故事，盤點資源，定位現在的你。

運用時間系統，為自己畫一條時間軸，要記得，你是自己故事的編劇，雖然所有的故事都會受到環境系統和內在系統的限制，但正因為你是自己的編劇，時間系統就是你戰勝限制的最大籌碼。**未來還沒有發生，所以任何故事劇情都有可能發生，都可能設計出來，而你要負責讓它發生**。

環境和內在會有限制，這個「限制」，指的是當下的天時地利人和都對你不利，或是你的內在系統還沒有建置完成，時間系統對你來說，絕對是最友善的機制。**當下還沒發生、當下沒有貴人、當下時局不對、當下你所處的位置不好，並不代表未來也是一樣**

的不好，當時間系統推動時間軸往前移，現在，已經會寫故事的你，會希望自己的劇情怎麼走？

如果你有天邊的「願景」月亮，也有眼前的「目標」山頭，對付當下的谷底，你一定會有方向，但一步登天不容易，時間系統教會我們，山頭在眼前，我們沒有任意門，但只要往前走，在時間的推移下，我們一定到得了那座山頭。

你爬過螺旋梯嗎？爬樓梯很累人沒錯，但你有沒有發現，爬螺旋梯時，只要你一直順著樓梯一步步往前，你所處的高度就會不斷向上爬升，直到頂樓，這一路上你沒有做太多的變化，只是在時間的推移下不斷行走，不知不覺間就爬到頂樓。你的環境從一樓變化到頂樓，你的事業變寬闊了，你的內在腳力也練出來了，爬樓梯的動作不變，但你鍛鍊了內在，也改變了環境，這都是時間系統往前推進所導致的結果。

在很多運動競賽中，尤其是競賽時間較長的馬拉松或球賽，剛鳴槍就領先的那一方，到了最後不見得是贏家。運動選手在賽前歷經多少訓練，讓內在系統成熟，得以上場，但隨著競爭對手的狀態、比賽時的天候，甚至選手當天的心情，都會影響比賽表現。當比賽的時間往下走，內在跟環境都會不斷地變化，有可能是對手不耐久賽開始疲乏，也可能是選手經過長時間比賽，反而徹底熱身了，激發出原本的實力，一場比賽不到最後關頭，很難看出勝負。讓比賽充滿戲劇性變化的關鍵，就是時間。

隨著時間變化，內在會變得更好，也有可能變差；環境會變好，也有可能更差。時間系統告訴我們的是，**內在系統與環境系統是動態的，一時的好或壞，還沒到終局，就不是結局**。時間賦予了內在與環境無限的可能，時間也讓內在與環境成為故事。

大家常聽到「格局決定結局」，幫自己放大格局，結局就會是好看的大結局，這句話背後隱藏的意思是，當你把戰線拉長，看懂時間與內在和環境的交互作用，就會知道如何產生出你要的結果。當你站得夠高，看看當下的自己，就會發現很多小事無須計較，你不用失落於當下的小失敗，也不必替當下的小成功開心太久，因為你會明白，這只是人生中的一個小過程，現在的成功，不是人生終點的成功，現在的失敗，也不會是人生永遠的失敗。**你有時間替你撐腰，只要自己的內在系統不斷進化，持續找尋適合你的環境系統，隨著時間的演進，你一定會找到屬於你最驕傲的時刻**。

這篇文章，在三萬七千英尺的高空完成，兩小時前的滑行和起飛已成為故事，時間在這段航行中溜走，在平穩的飛行環境中，我將內在想法淬鍊成文字，變成這段飛行期間的故事，分享給你。我寫我的故事，而你也會不斷寫下自己的故事，朝未來的新故事邁進。

21

成就：找到適合自己的故事結局

好了，故事真的來到「解決」的最高峰了，接下來呢？往前走，有三條路給你選：

1. 繼續找到另一個高峰，開始新的一段旅程。
2. 下山回家，回到原點。
3. 沒了。

第一條路，應該很容易懂，就是再開闢一個戰場，再開始一段故事。這樣的路徑很像連續劇，一集接著一集，讓觀眾一集集追個不停；以電影來說，就是首部曲、二部曲、三部曲的概念。通常這樣的結局規劃，在結局之前已經埋下了伏筆，縱然這個故事結束，也可以立刻啟動新的故事，如同前面說過，兩條S曲線會互相鉤著，從第一個S線的高峰，展開另一條S線的底部。

第二條路，是指這個故事的紛紛擾擾、高峰低谷，終究會過去，一切又回到故事的起點。例如：世界和平被破壞，人類的生存受到威脅，但主角最後還是打敗大魔王，世界又回到和平，這樣的手法是不是很熟悉？電影經常運用這種手法，看完一段故事之後，場景會回到剛開始的氛圍，世界的一切再度正常運作，這叫「回復型」的結尾。

第三條路，沒了，故事結束就結束了，情節懸在半空中，把最終的結果交給你，編劇直接下班，讓你自己成為編劇，去想像結果的千百種可能。

你人生每一階段的結局，甚至大結局會是什麼？前面三條路提供給你思考，想想每個階段的故事是「回復型」還是「懸念型」。不過人的生命有限，不可能一直走第一條路，生生不息，唯一的可能是我們的下一代，帶著我們的DNA，幫我們將夢想延續下去。國父建國、企業創辦人創立百年企業、家族祖先開枝散葉，後續都有人們延續下去，就是這樣的概念。當然，也有故事時間到就停了，可能是你的某段職涯走到一半被迫結束，或你自己決定結束；也可能是我們的人生，無論是正常或不正常的結束，最後塵歸塵、土歸土，世界又回到沒有你的樣子。

沒有最厲害的結局，只有最適合你的

台積電的創辦人張忠謀先生，一生致力於半導體產業，在台積電最輝煌的時刻選擇交棒。你知道嗎？當年我在台積電上班的時候，公司的副總多達二十位，現在數量又更多了，交棒是個很難的選擇，尤其要在這麼多優秀的高階主管中選擇，但張忠謀終究必須面對台積電這一階段故事的結局，也必須面對自己職涯的小結局，經過一段時間，總算完成交棒，他讓兩位高階主管接手故事。我想，張忠謀勢必也準備好，自己人生篇章的下一個故事會是什麼，所以在必要的時候完成了一季故事的結局。台積電不管製程設計還是公司治理，總是留下懸念，讓第二條曲線得以延展開來，企業治理的故事結局，設計得很精采。

對於每個寫故事的人來說，最難的其實是面對結局，因為，結局只有一種，再怎麼精采的好故事，你也只能選一種方式結尾，這時候，你要想的是這個故事到底想帶給讀者或觀眾什麼？你自己也可能陷入矛盾。主角，是讓他死還是讓他活？魔王，是要華麗地被打敗，僥倖潛逃，還是洗心革面？寫自己的人生故事同樣困難，因為有時候，選擇權不在你手上，當我們老了、生病了、失智了、臥床了，我們的故事已經不是我們在寫，而是照顧我們的人、機構或環境在主導，我們很難在這最重要的時刻，決定自己的結局。

我沒辦法回答你，什麼樣的結局才是最棒的，因為**只有最適合你的結局，沒有最厲害的結局**。人生的鋪陳與衝突，代表我們精采過，人生最後的解決，我們就努力呈現，留下後世對你的無限懷念，這是我們唯一可以做到的。

走到每個階段的盡頭，電影散場、從學校畢業、從職場離職，你有沒有過失落感？我有！

我是個很念舊的人，對於過去發生的種種，我總是難以釋懷，東西也都捨不得丟，所以，我的房間有一個時光櫃，裡面塞滿各時期的相簿、紀念品、徽章，還有……情書。

人生很多階段的故事，都必須在一定的時間點按下停止鍵，你不會是永遠的小學生，大學最多也只能讓你念八年，公司的部門會因為你的升遷而轉換，當然，也會因為你想換老闆，而換了家公司。我的時光櫃，珍藏著每一個階段的美好，當我想念那個階段的故事，我就會拿出來複習一下，想辦法讓時間凝結在那一刻。

念舊的人，應該都會想跟自己的每一段過去好好道再見，因為結束的是這場戲，但情感沒有結束啊！過去的每一段故事，都可以化為力量，告訴自己：「我一直很認真地活著。」念舊的人，會把每一段故事珍藏在心中，必要的時候拿出來說給別人聽，所以，前面兩幕，我說了十四個故事給你聽，不僅僅是分享故事，也分享故事的力量給你。我期待，**每一個故事未曾結束，當我分享故事給你的時候，會是另一個新故事的開始，因為故事的力量讓我成長，也讓看故事的你一起成長。**

結束了嗎？對於念舊的我來說，從來沒有結束，而且，一直在開始。

謙卑學習、點點累積、成就故事

「Stay hungry. Stay foolish.」（求知若飢，虛心若愚）是蘋果公司創辦人史蒂夫．賈伯斯（Steve Jobs）二〇〇五年在美國史丹佛大學畢業典禮上的分享。賈伯斯站在世界的頂峰，依然謙卑地像根小草。謙卑的學習，是成為更好的自己的基礎，把自己歸零，人生的記憶容量，就會無限大。飽滿的稻穗總是低下頭，越飽滿，頭低得越下去，只要願意謙卑，你就越願意做出改變，你當然就會變得更好。

二〇一六年，我做了一件傻事。

當時在大學教課，一個學生跟我說：「老師，我覺得我以後會下地獄。」

我好奇地問她為什麼有這種想法，學生說，她平常在連鎖超商打工，她是大夜班，每天午夜都有一個任務，要把超過有效期限的鮮食即期品，丟入廚餘桶。這件事對於餐飲業來說是正常流程，為了確保消費者吃到新鮮的食物，不論餐廳、烘焙店、超商，只要是超過有效期限的食品和食物，都必須用銷毀的方式處理。

「老師，我們每天要銷毀的過期品超多！小時候爸媽都教我們要珍惜食物，現在我卻每天都在浪費明明還可以吃的食物，你說，我以後是不是會下地獄？」

我追問，那你們每天到底要銷毀多少營業額的食物啊？

學生回答：「不一定，不過平均下來一天大約兩千元。」

我驚呆了，這個數字超乎我的想像，而且這只是一家店一個晚上的報廢。當時我馬上拿起手機，按了按計算機，以當年兩大超商系統的門市數，假設每家店平均每晚都銷毀營業額兩千元的食物好了，一年下來，我得到一個嚇人的數字：五十億元。

你沒有看錯，全台灣一年光是兩大超商，報廢的過期品約等於營業額五十億！我上網搜尋，果然找到一些相關的新聞報導，新聞報導的數字跟我算出來的這個數字相差不遠。這時候，我看到社會不公平的一面，明明世界上還有許多人正面臨飢寒交迫的困境，但另一頭卻正在日以繼夜地丟掉可以吃的食物。

回神後我仔細思考，過期一小時的食物，真的不能吃嗎？員工可以自行運用這些過期食物嗎？這些食物可以分給需要的人嗎？下課後，我做了三件事：

1. 把讓我驚呆的事，分享到 Dcard 的討論區。

2. 實地走訪便利超商，訪查真實的情況。
3. 與我 PMBA 的同學討論這件事，尋求可能的解答。

這三件事產生了三個效應。我在 Dcard 張貼的文章〈每一個浪費兩千的夜〉收到熱烈回響，累積了超過兩萬個按讚數，湧入五百多則留言，至今都還有網友在關心這件事。實地走訪便利超商後，我跟同學做了一支影片〈24:00 即期品救命恩人「Good 9」〉，放在 YouTube 上，讓大家知道超商即期品在午夜發生的事。最後，我們找了在超商系統上班的同學一起研究這件事，有一回，我們還坐在台北車站的大廳，討論到半夜才離開，這些討論跟研究，最終成為一份創新創業計畫書，並入圍了龍騰微笑競賽。

就創新創業競賽來說，我們沒有再繼續往前走，除了沒有充足的時間完成更縝密的計畫，正確來說，這份計畫在當時只不過是一個創新創業課程的報告，壓根沒想要往創業的路走，更何況，創業需要商業模式、資金、投資人等要素，這跟當初我們設計解決社會問題的初衷不太一致，就暫時擱著。

但如果，寫一份報告，也成為一份事業，不是很好嗎？是的，我可以自我安慰，可以自圓其說，說當時沒有要創業，只想著創新，但如果可以創新又創業，豈不是一件很棒的事。這些思維的背後，其實有一個很現實的問題，我請教幾位資訊專家後，估算出來，如果要營運一個資訊系統，讓全台灣的剩食可以資訊透明化，讓擁有剩食的企業跟需要剩食的單位資訊對稱，讓剩食消失，需要將近千萬元的投資金額，而且每年的維護費也都高達好幾百萬元。當時，我也只是個導演，只懂腳本、拍片，我沒有資源來解決這個社會問題，所以，真的只能先擱著。

不過，我未曾放棄關注，我在Dcard寫的那篇爆紅文章，一直帶給我很多鼓勵跟勇氣，不是因為大量的讚數，而是有幾則留言提到，這樣解決社會問題的精神，才是一個學生應該有的態度；也很多人期待這樣的問題能趕快解決；更有一位不具名的企業營運長希望我跟他聯絡，看能否一起合作，一起解決問題。這些溫暖的文字，我一直放在心中，我知道，善的力量未曾離開我，這些文字就是那道光，一直指引著我前進。

過了幾年後的現在呢？市面上的大型超商品牌陸續提出了各自的解決方案，例如「友善食光」的機制，那就是一種珍惜食物的方式。就算有好的想法，也需要天時地利人和，我缺少資金，所以沒辦法實現，但至少有人看見了這個社會問題並嘗試解決。二

○一六年，我第一次知道文章爆紅的滋味，也是從那時候開始，我知道，有夢想的人從不寂寞，幾年後，一樣有人會持續關注這個社會，一樣有人會想方設法，努力減少五十億元的浪費。

二〇一六年，我做了一件傻事，想要撿回大家不要的五十億。二〇二二年，我持續傻著，我還是想減少鮮食即期品的浪費問題，我還是想讓這件事做得更好，讓自己也更好。更好的自己，會創造更好的故事，又持續成為更好的自己，這是善的循環。更好的自己，是謙卑的、是願意學習的、是熱情的、是永續的、是懂得回饋的、是開心的。

如果你覺得，有好多東西想學、想要做，不知道從何開始。**其實成就更好的自己，不用給自己太大的包袱，只要：每天都做一點點，世界就會好一點點**。那個世界，可能是你看到的世界，也會是你自己的世界。就像故事要有素材，素材的關鍵是細節，每天都做一點點，就成為這些細節，一點一滴地改變，一點一滴地記錄，能成就更好的自己。

謙卑學習、點點累積、成就故事，這三個步驟會讓你的人生慢慢加速，在適合自己的節奏裡，找到前進的方向，也找出適合自己的結局。

寫這本書，前後歷經大約十個月，不過其中只有約略十幾天在認真寫作，我這十幾天，每天平均花四小時寫作，大約占人生七十萬零八百個小時的〇．〇〇五%，最近這段時間是我很開心的時刻，因為我分享故事的一切，分享人生的一切，讓你也有機會分享屬於你的故事，分享你的人生。

不要害羞，不用害怕，勇敢用這些寫故事、說故事的方法，把屬於你的故事寫出來，把你不起眼的生活小事，寫成人人可讀的好故事。縱然有些是糗事、囧事，一定要記得哦，你的人生囧事，可以幫你寫成一個好故事。看懂自己的故事，學會調整故事的節奏與腳步，好日子就不遠了。

落幕
從過去的故事，再次定義自己

當你說好自己的人生故事，你會發現，有三件事可以輕易地完成。

資源盤點

沿著你的人生故事線往回溯，當你搜尋素材，找尋各種「環境系統」與「內在系統」的組合時，你也會同時找到各種過去的足跡，包含那些曾經擁有卻被遺忘在角落的人事物。這些足跡，或許過了一段時間，沒有了互動的價值或需要，但神奇的是，當你在寫自己的故事時，時間是往前推移的，你的內在跟外部環境，都起了很大的變化，或許這時候，這些足跡可以重新幫你建構不同的人生視野。你不見得一定要開發新事物、新人脈，過去的一切，很可能會因為你寫的故事，重新給予你神奇的機會。

最近，我突然跟三十幾年前的國中老同學搭上線，隨著時光流轉，這些老同學也都有了各自的成就，像是其中一位，目前已經是國立大學的教授，近期他邀約我談談開設課程的可能，這樣的一個串連，呼應到我「三書」核心目標的其中一個「教書」，於是，我們很快地聯繫上，展開一個新的旅程。我在寫國中時期的故事線時，梳理出了這樣的資源，將過去的資源變成未來新故事的素材之一。

隨著故事盤點過去，你將發現，你在路上遺留了很多黃金跟鑽石。

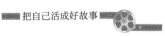

人生定位

當你完成一個屬於自己的人生故事，你會發現，你的故事未完待續，這時候，你應該會很好奇人生故事的「下一場戲」。如果，你把人生當作一場電影，一百二十分鐘的劇情分布在故事線上，那你的人生劇情，現在走到哪裡了？

請你拿起紙張跟筆，跟我一起再畫一次劇情對時間的故事曲線：

1. 畫出一條縱軸跟一條橫軸，縱軸標示為「劇情」，橫軸標示為「時間」。
2. 在這張圖表上，橫軸以年為單位，縱軸是你的故事劇情相對精采度，畫出屬於你的故事曲線。
3. 根據你的年紀，標示出你目前所處的位置。

每個人的故事曲線都不一樣，定義的高潮低谷也都不一樣，這條故事曲線沒有絕對，只有相對，你只要跟自己比就可以了。如果你已經按照本書前面的方法，按部就班完成你的故事，現在畫這張圖就不難了。畫完圖，最有趣的是把「現在的時間點」找出來，當然，通常在曲線的末端，沿著末端，你可以再想像，未來可能的故事路徑，用虛線表示出來。最後，虛線的收尾可能停在八十歲或九十歲，當然，也可以是一百二十歲。

這時候，請回頭看看這時候的你，處於哪個位置？

在我志願役退伍前三個月，總部副司令慫恿我再繼續簽兩年。我只想了三分鐘，馬上委婉拒絕，我沒有太多的迷惘，因為我知道，軍中的試煉只是我人生故事的副線，我的主線是趕快回到工學院，繼續完成材料工程的學位，讓我有機會進到科技產業。

當你弄懂自己所處的位置，你就會知道，你距離終點還有多遠，還有多少坡要爬，你會更清楚現在的自己該做什麼，不該做什麼。

第二曲線

在劇情對時間的故事曲線中，最後一段的成長、成熟之後，緊接而來的就是衰退期，從故事結構來看，就是前面提到的「回復」，一切都會歸零。

如果你不想在人生還有漫長歲月的時候就歸零了，你在設計故事的結構時，就必須導入「第二曲線」。第二曲線的重點在於生生不息，讓你在面臨衰退之前有新的可能。

當你完成自己的故事，畫出屬於自己的故事曲線，便很容易判斷整個故事曲線發展的樣貌。如果，對應橫軸的時間並不是你人生真正的終點，那麼你就應該警覺到，故事還沒真正結束，故事還有下一集，故事曲線還沒走下坡時，你就應該開始鋪陳下一個新的故事，也就是屬於你的故事第二曲線。

二〇〇八年我開始創業，做的是B2B（business-to-business，企業對企業），商業廣告的市場在當時還有發展空間，但從二〇一二年開始，影音製作越加普遍，開啟人人用手機都可以拍片的時代，我預測專業影片製作在台灣會逐漸走下坡，取而代之的是素人製作的市場；這期間我也曾探索中國市場，發現存在著難跨越的文化差異，因此我選擇不加入。但回過頭來，如果我什麼行動都沒有，那就準備餓肚子吧。我決定先教書，試圖在知識的領域找到屬於我的舞台，我許願要成為大學裡的老師，不只是為了領薪水，而是想證明自己，我有資格站上大學講台，也唯有先證明自己可以，才能夠繼續往外擴展，讓機關、企業也覺得你可以。

如果會描繪自己的故事第二曲線，在餓肚子之前，永遠會有新的可能在等待著你。

二〇一七年，米其林星級主廚江振誠，在新加坡的米其林二星餐廳 Restaurant

ANDRÉ 七週年的同時，跟團隊說了一段話：「我的自傳封面寫了這樣一句話——我完美呈現出一道菜餚的那一刻，也是我該把它從菜單中拿掉的那一刻，我不知道你們當中有沒有人知道這句話的意思，我想跟大家宣布，我要從 Restaurant ANDRÉ 退役，並且讓 Restaurant ANDRÉ 劃下句點，就在明年，我們將會把我們所持有的米其林星星，還有五十間最佳餐廳的殊榮全數歸還，我們將不再參與任何排名，就從明年開始……」

這段畫面，出現在紀錄片電影《初心》裡。江振誠講這段話時，沒有任何悲傷的情緒，反而帶點激勵，團隊廚師們很訝異，江振誠的太太在一旁，則是難掩情緒放聲大哭，更不用說這個消息出來後，震撼了各界。

電影畫面回到江振誠當初創辦餐廳的場景，一幕幕帶到他的廚師團隊、太太、媽媽、客人及他們的愛犬。其中兩段，我忍不住落淚了。江振誠的團隊裡有位盡責認真的女廚師，她來到 Restaurant ANDRÉ 是從當一位客人開始，她來吃這一餐，其實是希望來這家餐廳工作，不是為了錢，而是打定主意要爭取到這份工作，這份信念最終感動了江振誠，讓她進來學習、工作。另一段，則是一位甜點主廚本來通過面試了，卻因為一場槍擊案，讓他躺在醫院，江振誠沒有收回這個職缺，反而鼓勵這位年輕人，用他的腦袋參

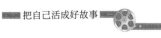

與餐廳運作，最終，年輕人身體康復，實際進入了這家餐廳服務。

我想告訴你的是，這就是江振誠，Restaurant ANDRÉ 非常成功，再經營二十年也一定沒問題，但江振誠卻選擇在最輝煌的時候結束，他回到台灣陪著媽媽逛市場，回到台灣的餐廳親自督導一切。

當我們走了很久很久，故事三幕劇一幕接著一幕上演，高潮迭起的同時，我們有沒有忘記，當初的那個自己？現在的輝煌，還是當初那個有著天真夢想的自己嗎？我們享受現在的一切，但有沒有謙卑地回頭看看，那個曾經非常嚮往未來的小孩？

把自己活成一個好故事，你可以嘗試在過去的習慣路徑中，找到挑戰未來的可能，在挑戰未來的過程中，成就另一個新的好故事。你可以勇於創新或叛逆，但不要背叛的，是你給自己設定好的初心，那個屬於你的故事開端。

同場加映

每個人都有屬於自己獨一無二的故事，你不需要是名人、藝人、作古的人。最後，我分享三位在不同的角落裡活躍的人物，用他們的故事做為範本，只要你願意，你的故事一樣可以由自己寫出來，而且十分精采！

A 小資女大翻轉的陳詩慧

陳鋪

理財作家陳詩慧是在雲林長大的孩子，從小被老師認為是問題學生，小時候也曾因為發育比較快，長得較成熟，經常被同學嘲笑。不過也因為小時候就很大人樣，自己偷偷跑去毛巾工廠打工，沒人知道她是小孩，讓陳詩慧從小就開始存自己的第一桶金。

念完大學，萌生出國念書的想法，申請到英國威爾斯商學院念碩士，卻因為財務規劃失利，在英國差點沒了學費，連回國的旅費都沒有。這時陳詩慧壯起膽，走進 Burger King 店裡，直接跟櫃台說她想要賺錢，請給她一份工作。

衝突

從小經歷許多窮困的日子，讓陳詩慧的人生充滿挑戰，回國之後，她在電子業上班，一路從基層做到業務一姐，人生應該順遂了吧？其實，工作是一回事，生活與家庭又是另一回事，業務一姐只能解決基本收入，卻無法解決三個小孩和老公擠在一個狹小的窩裡，陳詩慧決定買更大的房子，同時背負更多的貸款。

為了充實自己，陳詩慧完成清大ＥＭＢＡ學業，與幾位同學合夥創業，最終因股東理念不合，解散公司，好不容易存到資金，投入創業公司，又是一場空，資金付諸流水，加上衝刺新公司帶來的身心壓力，讓健康出了狀況。

創業虧損的資金，加上高額的房貸壓力，讓陳詩慧認知到，經濟壓力已經到了極限，先生跟她討論到，是不是再換回小房子，過回以前的生活？陳詩慧陷入兩難，絕望之際，她決定讓自己先拋開一切，選擇離家到開車一小時的偏鄉，去學習做照顧服務員，同時也到女兒的學校擔任志工。在創世基金會照顧植物人時，她看見了比自己悲慘的人生，從此不再抱怨自己的境遇。陳詩慧告訴自己：「我一定可以。」把先生給她家裡最後一筆資金投入股市，商學院畢業的她，專注研究總體經濟、分析產業趨勢，想利用手上這筆本來要還貸款的資金，幫自己再闖出一條路來。

解決

找到波段投資的特性，陳詩慧運用對總體經濟的認識，同時不斷吸收產業知識，加上穩健的投資操作，總算讓資金不斷翻倍，脫離窮困的厄運，用努力為自己帶來好運。

這些投資心法，讓陳詩慧十分感謝老天爺的幫助，也樂於分享自己過去的經驗，二〇二一年出了一本書，同時也成為財經暢銷書作家，身影出現在各大電視台和演講場合，為自己的人生做了一個新的詮釋。

掃 QR 碼，
聆聽更多故事

B 帶給露營人快樂，自己卻煎熬的卓大叔

鋪陳

「現場三、二……Action！」

卓大叔的身影穿梭在高雄旗津一個露營區裡，外表看上去是個導演，也真是個大叔。實際上，卓大叔已經是好幾家公司的老闆，也是知名露營預約平台的創辦人。大學從大傳科系畢業後，卓大叔在電視台工作，之後轉戰電視購物和電子商務，曾在知名無線台製作過電視購物節目，營業額十分可觀，無論是影視還是電子商務，也堪稱一哥的角色了。

幾年前，他開始帶著孩子露營，第一次露營在南澳，接著，連續二十六次露營，也都在南澳。卓大叔帶著孩子，一早就去南澳的漁市場搶魚，這段期間，孩子長大了，能夠辨識出超過一百種魚，卓大叔覺得這才是露營真正的價值。一面做著電商，一面因為對露營的認識，創辦了露營預約平台「露營樂」，讓露友和營地營主不會因為資訊不對稱，而找不到營地、找不到露友。平台也因為這幾年的露營風氣，有了很好的營收。

衝突

台灣擁有絕佳的露營條件，想要上山下海，開車平均一小時就可以抵達。但露營是有季節性的，中低海拔的營地，由於夏季氣候太熱，並不受露友青睞，另外，年紀稍長的阿公阿媽，因為不習慣睡在帳篷地上，往往無法輕鬆與年輕兒女同樂。氣候跟睡眠的問題，讓卓大叔在經營時陷入苦思。

有一天，卓大叔看見一位阿媽跟家人出來露營，阿媽笑得很開心，卓大叔問阿媽：

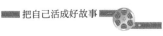

「露營好玩嗎？」

「好玩啊！跟孫子出來，哪裡都好玩！」

有家人在的地方，就是家。卓大叔獲得啟發，他要做的不是「露營」這個事業，而是「戶外第二個家」，卓大叔看著這位阿媽，感受到對長輩而言簡單的幸福，他決定要讓氣候跟睡眠不再是露友頭痛的問題。

卓大叔開發營地，多半是自己走踏出來，身為公司最高階的主管，身邊不乏特助、祕書，但大叔總是喜歡自己走進營地，有時候，還是自己騎著車，沿著山上的產業道路，找尋合作的夥伴。開發越多的營地，也就看見更多的在地風光，台灣的每一個角落，都有屬於自己的精采，卓大叔又開始思考，如何把這些精采的人事物，推薦給每一位來露營的外地客，甚至國際觀光客？

一個問題接著一個問題，卓大叔面對的不是生意不好、營收太差，相反的，卓大叔的事業蒸蒸日上，但他始終沒有放棄思考如何解決這些問題。

解決

這幾年，你會看見台灣導入「豪華露營」、「奢華露營」，兩者的差別在於有沒有提供餐食。卓大叔除了一般露營的預約平台，同時也進入豪華露營的領域，運用南非狩獵帳解決了露營「氣候」跟「睡眠」的痛點，他總算找到一些解方，讓露營更輕鬆快樂。許多年輕人，也開始帶著年長的爸媽一起體驗露營。豪華露營的模式裡，三餐還是得自理，因為卓大叔覺得，全家人或朋友們一起出來玩，一同動手烹飪、一同感受，才是最重要的事。

卓大叔心中還有一件事，怎麼讓露營客願意就地消費？食材能不能低碳足跡？露營能不能促進地方經濟？能不能增加就業機會？這麼多的問號，五十歲出頭的卓大叔沒有躺平，他挺著身子，持續在尋找答案！

掃 QR 碼，
聆聽更多故事

C

專注夢想、堅持微笑的張念慈

鋪陳

一篇臉書貼文，述說自己從癌症中康復，但終身不能再捐血的遺憾，這篇文章的主角是張念慈。張念慈住在新竹，每天往返新北市汐止工作，在眾人眼中，她是一位活力美少女，在報社媒體工作的她認真、負責，有她的地方，你永遠會看見一抹青春的微笑。但這一抹微笑，背後是很多的承擔與面對。

衝突

在報社擔任主管那年，張念慈懷了第二胎，開心地跟先生約了一起去做全身健康檢查，檢查出來，卻是自己得了甲狀腺癌，從此展開抗癌人生。

「媽媽，你幾點要回來？」

張念慈工作完，剛帶小孩回到家，便接到報社通知，剛剛發生一起社會新聞案件，請她立刻到殯儀館進行採訪。張念慈跟小孩說：

「媽媽要再出門一趟，你乖乖待在家裡哦。」

講這句話的同時，她內心很是掙扎，這麼小的小孩，怎麼能放她一個人在家？我要是去了殯儀館採訪，會不會等一下換我被通知到殯儀館？

張念慈永遠都周旋在工作與家庭之間，年輕的時候可以全力衝刺，現在有了家庭、有了小孩、有了癌細胞，人生還可以怎麼衝？

解決

沒有放棄那一抹微笑，堅持樂觀，也要正向面對這一切，張念慈參加更多進修課程，學習更多技能，她兼職成為網紅，傳遞正向的能量給大家。她開設「失敗要趁早」的粉絲專頁，讓大家感受到：你的失敗，不是永遠的失敗。她一直用自己的故事告訴大眾，只要你願意面對，只要你做些改變，不要埋怨，你就可以跟張念慈一樣，永遠在夢想裡微笑。

掃 QR 碼，
聆聽更多故事

HEART
心|視野　心視野系列 123

把自己活成好故事

逆向回顧、拆解過去、預想未來，從當下決定人生的精采

作者	黃瑞仁（故事超人）
封面設計	Dinner Illustration
內文排版	黃雅芬
行銷企劃	呂玠忞
主編	陳如翎
出版二部總編輯	林俊安
出版者	采實文化事業股份有限公司
業務發行	張世明・林踏欣・林坤蓉・王貞玉
國際版權	鄒欣穎・施維真・王盈潔
印務採購	曾玉霞・謝素琴
會計行政	李韶婉・許俽瑀・張婕莛
法律顧問	第一國際法律事務所　余淑杏律師
電子信箱	acme@acmebook.com.tw
采實官網	www.acmebook.com.tw
采實臉書	www.facebook.com/acmebook01
ISBN	978-626-349-352-0
定價	360 元
初版一刷	2023 年 8 月
劃撥帳號	50148859
劃撥戶名	采實文化事業股份有限公司 104 台北市中山區南京東路二段 95 號 9 樓 電話：(02)2511-9798　傳真：(02)2571-3298

國家圖書館出版品預行編目資料

把自己活成好故事：逆向回顧、拆解過去、預想未來，從當下決定人生的精采 / 黃瑞仁（故事超人）著 . -- 初版 . – 台北市：采實文化事業股份有限公司 , 2023.08
232 面 ; 14.8×21 公分 . --（心視野系列；123）
ISBN 978-626-349-352-0（平裝）
1.CST: 人生哲學　2.CST: 自我實現　3.CST: 生涯規劃
191.9　112009671

采實出版集團
ACME PUBLISHING GROUP

HEART
心視野

HEART

心視野